Mini-Konfekt

This edition published by Parragon Books Ltd
LOVE FOOD is an imprint of Parragon Books Ltd
Parragon Books Ltd
Chartist House
15–17 Trim Street
Bath BA1 1HA, UK
www.parragon.com

Copyright © Parragon Books Ltd
LOVE FOOD® and the accompanying heart device is a registered trade mark of Parragon Books Ltd in Australia, the UK, USA, India and the EU.

Entwurf und Realisation: Pene Parker und Becca Spry; Texte und Ernährungsberatung: Sunil Vikjayakar; Fotograf: William Shaw

Alle Rechte vorbehalten. Die vollständige oder auszugsweise Speicherung, Vervielfältigung oder Übertragung des Werkes, ob elektronisch, mechanisch, durch Fotokopie oder Aufzeichnung, ist ohne vorherige Genehmigung des Rechteinhabers urheberrechtlich untersagt.

Copyright © für die deutsche Ausgabe
Parragon Books Ltd
Chartist House
15–17 Trim Street
Bath BA1 1HA, UK
www.parragon.com

Realisation: trans texas publishing services GmbH
Übersetzung: Aggi Becker, Köln

ISBN 978-1-4723-5258-3
Printed in China

Hinweise
Sind Mengen in Löffeln angegeben, ist immer ein gestrichener Löffel gemeint: Ein Teelöffel entspricht 5 ml, ein Esslöffel 15 ml. Wenn nicht anders angegeben, ist mit Milch Vollmilch gemeint. Eier und Früchte sind von mittlerer Größe. Die angegebenen Zeiten können von den tatsächlichen leicht abweichen, da je nach verwendeter Zubereitungsmethode und vorhandenem Herdtyp Schwankungen auftreten.
Serviervorschläge und nach Belieben zu verwendende Zutaten sind bei den Zeitvorgaben nicht berücksichtigt.
Kinder, ältere Menschen, Schwangere, Kranke und Rekonvaleszenten sollten auf Gerichte mit rohen oder nur leicht gegarten Eiern verzichten. Schwangere und stillende Frauen sollten auf den Genuss von Erdnüssen und Zubereitungen mit Erdnüssen verzichten. Einige der fertigen Zutaten aus den Rezepten können Nüsse oder Spuren von Nüssen enthalten. Lesen Sie vor der Verarbeitung immer die Packungshinweise.

Inhalt

Einleitung 6

Obst und Nüsse 10

Karamell und Fudge 26

Schokolade 44

Pralinés 62

Register 80

Einleitung

Wer mag wohl keine süße Nascherei? Was könnte schöner sein, als eine Auswahl von mundgerechten Süßigkeiten selbst zu machen, die verführerisch aussehen, ein Genusserlebnis sind und uns in unseren gesundheitsbewussten Zeiten keine allzu großen Schuldgefühle verursachen?

Zutaten

Schokolade

In diesen Rezepten werden Kakaopulver, Bitter-, Milch- und weiße Schokolade verwendet. Bei den vielen verschiedenen Schokoladensorten lohnt es sich immer, die bestmögliche Qualität zu kaufen. Probieren Sie, welche Sie am liebsten mögen – Aussehen, Aroma, Geschmack, und Textur müssen Ihnen gefallen.

Bitterschokolade enthält mindestens 35 Prozent Kakaoanteil. Je höher der Kakaoanteil, desto intensiver ist der Kakaogeschmack. Milchschokolade hat mindestens 25 Prozent Kakaoanteil und enthält Kakaobutter, Milch, Zucker und Geschmacksstoffe in größerer Menge als Bitterschokolade. Weiße Schokolade wird aus Kakaobutter, Trockenmilch, Zucker, Geschmacksstoffen wie Vanille und Emulgatoren wie Lecithin hergestellt.

Eier

Eier sind beim Backen eine Grundzutat. Bei der Herstellung von Süßem liefern sie Struktur, Farbe, Textur, Geschmack und Feuchtigkeit. Verwenden Sie möglichst frische Bio- oder Freilandeier und achten Sie auf das Mindesthaltbarkeitsdatum. Verzichten Sie auf Ei-Ersatzmittel und bewahren Sie Ihre Eier kühl auf, aber nicht im Kühlschrank.

Mehl

In diesen Rezepten wird Weizenmehl verwendet, das einen mittleren Glutengehalt hat. Es kann weißes oder Vollkornmehl sein und enthält keine Backtriebmittel. Für Kuchen, Kekse oder Brot, deren Teig aufgehen muss, wird deshalb zusätzlich Backpulver benötigt, wie bei den Mini-Donuts mit Schokolade (s. S. 58). Ersetzen Sie weißes Mehl in den Rezepten nicht durch Vollkornmehl, es ist schwerer und würde die Textur der Süßigkeit und somit auch ihren Geschmack beeinträchtigen.

Butter

Ersetzen Sie Butter nicht durch Margarine oder andere Fette, das würde Geschmack und Textur der Süßigkeit verändern.

Gelatine

In diesem Buch wird sowohl Blattgelatine als auch Gelatine in Pulverform verwendet. Für die Zubereitung in Pulverform 1 gestrichenen Messlöffel Gelatinepulver in die Flüssigkeit streuen. Dabei darauf achten, dass die Gelatine komplett im Wasser ist. Eventuelle Klumpen leicht mit einem Teelöffel verrühren. Blattgelatine sollte immer 10 Minuten einweichen.

Getrocknetes Obst und Nüsse

Getrocknetes Obst und Nüsse verleihen Süßigkeiten Farbe, Textur und Geschmack. In diesem Buch werden getrocknete Früchte und Nüsse verwendet wie Sultaninen, getrocknete Cranberrys und Aprikosen, gemahlene Mandeln, Haselnüsse, Cashewkerne, Pistazienkerne, Mandelblätter, Walnüsse und Pekannüsse. Die meisten können nach Belieben ausgetauscht werden.

Zucker und Gewürze

Zu den in diesen Rezepten verwendeten Gewürzen und Aromen gehören Chilipulver, gemahlener Ingwer, gemahlener Kardamom, Vanille-, Pfefferminz-, Erdbeer- und Himbeerextrakt oder -aroma.

Gewürze sollten immer frisch sein. Bewahren Sie sie in luftdichten Behältern auf, sobald die Verpackung angebrochen ist.

Zucker verleiht den Rezepten Farbe, Geschmack, Süße und Feuchtigkeit. In diesen Rezepten wird Muskovado-Zucker, Streu- oder Feinstzucker, brauner Zucker und Puderzucker sowie heller Zuckerrübensirup und Glukosesirup benutzt.

Diese Gewürze und Zuckerarten sollten Sie am besten immer vorrätig haben.

Küchenutensilien

Für die Zubereitung des süßen Naschwerks brauchen Sie vor allem die folgenden Küchenutensilien.

Töpfe mit dickem Boden
Verschiedene Größen von Töpfen mit dickem Boden sind für Zubereitungen mit Zucker und Schokolade sehr nützlich, damit sie nicht anbrennen.

Backformen und -bleche
Für die verschiedenen Rezepte benötigen Sie antihaftbeschichtete Backformen von 30 cm x 20 cm, 28 cm x 18 cm und 20 cm x 20 cm Seitenlänge.

Handelsübliche robuste Backbleche sind für die Rezepte in diesem Buch völlig ausreichend.

Sie benötigen zwei quadratische Springformen von 20 cm und 17 cm Seitenlänge sowie eine schwere quadratische 20-cm-Backform und eine 24 cm große.

Es lohnt sich, Bleche und Backformen guter Qualität zu kaufen, denn gut gepflegt halten sie ein Leben lang.

Nicht haftendes Backpapier
Nicht haftendes Backpapier ist zum Auslegen von Backblechen und -formen unerlässlich.

Zuckerthermometer

Für Rezepte, deren Zuckermischungen nur bei einer exakten Temperatur gelingen, wird ein Zuckerthermometer benötigt. Die meisten zeigen Temperaturen von etwa 40 °C–200 °C in Schritten von 2 °C an.

Achten Sie für eine exakte Messung darauf, dass das Thermometer die Temperatur der Mischung in der Backform, nicht aber am Boden der Form misst.

Elektrischer Standmixer

Ein elektrischer Standmixer leistet bei der Zubereitung von Süßigkeiten gute Dienste. Sie haben die Hände frei, während das Gerät verschiedene Zutaten rührt, und können gleichzeitig andere Tätigkeiten durchführen.

Elektrischer Handmixer

Für das Schlagen und Vermengen von Zutaten wie für die Zubereitung von Eischnee für Baiser und Macarons ist ein elektrischer Mixer unerlässlich.

Küchenmaschine

Die Küchenmaschine ist für viele Zubereitungen ein wertvoller Helfer. So hackt und mahlt sie beispielsweise Nüsse oder vermischt verschiedene Zutaten.

Digitale Waage und Messlöffel

Für das genaue Abmessen von Zutaten sind eine digitale Waage und ein Satz Messlöffel äußerst hilfreich.

Reiben

Die Anschaffung von scharfen Edelstahlreiben guter Qualität in verschiedenen Größen lohnt sich, um Zitronenschale fein abzureiben oder Schokoladenröllchen zu formen.

Teigspatel

Ein hitzebeständiger Teigspatel ist ideal zum Rühren von heißen Zucker- oder Schokoladenmischungen.

Küchenwecker und -timer

Küchenwecker oder -timer gibt es in allen erdenklichen Formen und Größen. Er sollte möglichst leicht abzulesen sein. Stellen Sie ihn immer auf die im Rezept angegebene Mindestzeit ein – falls nötig, können Sie die Garzeit verlängern.

Zubereitungsmethoden

Diese Techniken werden in den Rezepten verwendet.

Schokolade schmelzen

Grob gehackte oder gebrochene Schokolade in eine hitzebeständige Schüssel geben, die fest auf einen Topf mit dickem Boden passt, sodass der Dampf nicht entweichen kann. Den Topf 2,5 cm hoch mit Wasser füllen und dieses zum Köcheln bringen. Die Schüssel daraufsetzen, dabei darf der Boden der Schüssel das Wasser nicht berühren, sonst brennt die Schokolade an. Auf kleiner Stufe weiterköcheln, bis die Schokolade geschmolzen ist. Wenn die Schokolade flüssig ist, kann sie mit einem Teigschaber glatt gerührt werden. Alternativ stellen Sie die Schokoladenstücke in einer geeigneten Schüssel 30 Sekunden (eventuell mehrfach) auf niedrigster Stufe in die Mikrowelle. So oft wie nötig wiederholen und nach 30 Sekunden jeweils mit einem Teigschaber umrühren.

Eiweiß schlagen

Eiweiß lässt sich am besten bei Zimmertemperatur zu Eischnee schlagen. Dafür benötigt man einen elektrischen Mixer und eine ausreichend große Schüssel, in der sich das Volumen des Eiweiß' verdreifachen kann. Auf mittlerer Stufe beginnen und auf hohe Stufe stellen, sobald das Eiweiß das Volumen vergrößert. Eiweiß sollte immer in einer sehr sauberen Schüssel ohne Fettspuren geschlagen werden, sonst wird es nicht richtig steif. Eischnee kann bis zu 3 Monate tiefgekühlt werden. Er sollte nach dem Auftauen vor der Weiterverarbeitung auf Zimmertemperatur gebracht werden.

Sahne schlagen

Sahne lässt sich kalt am besten schlagen, da sie die untergerührte Luft besser bindet. Kühlen Sie auch die Schüssel und die Rührbesen vor. Beginnen Sie auf mittlerer Stufe und beobachten Sie die Sahne, sie darf nicht zu lang geschlagen werden. Sollte das dennoch geschehen, können Sie einige Esslöffel flüssige Sahne zugeben und sanft weiterschlagen, bis die Sahne glatt wird.

Nüsse hacken

Nüsse kann man entweder mit einem großen Küchenmesser auf dem Schneidebrett hacken oder in der Küchenmaschine zerkleinern.

Einleitung

Erdbeer-Marshmallows

Ergibt 32 Stück
Zubereiten: 40 Minuten
Kochen: 20 Minuten
Ruhen: 1 Stunde

Diese süßen Würfel sind leicht und locker – sie werden ein Lächeln auf alle Gesichter zaubern. Man kann sie mit Himbeeraroma anstelle von Erdbeeraroma zubereiten, auch das ist ein Genuss.

Sonnenblumenöl, zum Einfetten

Speisestärke, zum Bestäuben

Puderzucker, gesiebt, zum Bestäuben

11 Blatt Gelatine (20 g)

340 ml Wasser

1 EL Glukosesirup

450 g Feinzucker

3 Eiweiß

1 TL Erdbeeraroma

2 TL rosa Lebensmittelfarbe

1. Eine Backform von 30 cm x 20 cm Seitenlänge mit Öl einpinseln und leicht mit Speisestärke und Puderzucker bestäuben.

2. Die Gelatine in einer kleinen Schüssel mit 140 ml Wasser begießen, sodass sie vollständig bedeckt ist. 10 Minuten ruhen lassen.

3. Glukosesirup, Zucker und 200 ml Wasser in einen mittelgroßen Topf mit dickem Boden geben. Aufkochen, die Hitze reduzieren und 15 Minuten köcheln, bis die Mischung 127 °C auf dem Zuckerthermometer anzeigt. Vom Herd nehmen, die Gelatinemischung umrühren und vorsichtig mit dem Löffel in den Topf geben. Der Sirup wirft dabei Blasen. Den Sirup in ein Messkännchen füllen und umrühren.

4. In einer sauberen Rührschüssel das Eiweiß steif schlagen, dann nach und nach den heißen Sirup einarbeiten, bis die Mischung glänzt und langsam andickt. Das Erdbeeraroma zufügen und 5–10 Minuten mit dem Schneebesen weiterschlagen, bis die Mischung auf dem Schneebesen ihre Form behält.

5. In die vorbereitete Backform löffeln und mit einem Palettenmesser glatt streichen. Mit Lebensmittelfarbe besprenkeln und mit einem kleinen Spieß auf der Oberfläche marmorieren. 1 Stunde ruhen lassen.

6. Mit einem Messer die Masse vom Rand der Backform lösen und auf ein Brett stürzen. In 32 Quadrate schneiden und leicht mit Speisestärke und gesiebtem Puderzucker bestäuben. Auf ein Kuchengitter heben und trocknen lassen. Sofort servieren.

Geleekonfekt mit Apfel und Aprikose

Ergibt 30 Stück
Zubereiten: 25 Minuten
Kochen: 10 Minuten
Ruhen: 3–4 Stunden

450 ml klarer Apfelsaft

3 EL Gelatinepulver

400 g Feinstzucker

500 g Aprikosenkonfitüre

Dieses Geleekonfekt ist erfrischend und köstlich. Der Fruchtgeschmack kann mit unterschiedlichen Obstsäften und Konfitüren beliebig variiert werden.

1. Die Hälfte des Apfelsafts in eine Schüssel gießen und das Gelatinepulver darüberstreuen – es muss ganz aufgesogen werden. 10 Minuten ruhen lassen.

2. Inzwischen den restlichen Apfelsaft und die Hälfte des Zuckers in einen Topf mit dickem Boden geben. Unter ständigem Rühren 5–6 Minuten kochen, bis der Zucker aufgelöst ist. Die Konfitüre mit dem Schneebesen einrühren, den Topf wieder auf den Herd stellen und 3–4 Minuten kochen, bis die Mischung sirupartig wird. Die Gelatine einrühren, bis sie aufgelöst ist.

3. Die Mischung durch ein Haarsieb in eine Schüssel abseihen. In eine beschichtete Backform von 25 cm x 17 cm Seitenlänge füllen. 3–4 Stunden in den Kühlschrank stellen und fest werden lassen.

4. Den restlichen Zucker auf ein großes Backblech streuen. Das Fruchtgelee in 30 quadratische Konfektstücke schneiden und mit einem Palettenmesser aus der Backform heben. Kurz vor dem Servieren im Zucker wälzen. Servieren oder in einem luftdichten Behälter kühl und trocken bis zu 5 Tage aufbewahren.

Obst und Nüsse

Kokoskonfekt mit Himbeeren

Ergibt 20 Stück
Zubereiten: 30 Minuten
Ruhen: 3 Stunden

Sonnenblumenöl, zum Einfetten

325 g Puderzucker, gesiebt, plus etwas mehr (bei Bedarf)

325 g süße Kokosraspel

400 g gesüßte Kondensmilch

1 TL Vanilleextrakt

55 g Himbeeren

½ TL rosa Lebensmittelfarbe

1 TL Himbeeraroma

Dieses Konfekt wird nicht gebacken und kann gut mit Kindern zubereitet werden. In Zellophantütchen oder kleine Geschenkschachteln verpackt, ergibt es ein hübsches Geschenk.

1. Eine quadratische Backform von 20 cm Seitenlänge mit Öl einpinseln. Den Boden mit Backpapier auslegen.

2. Jeweils die Hälfte von Puderzucker und Kokosraspeln in eine Rührschüssel geben, die jeweils andere Hälfte in eine zweite Schüssel. Den Inhalt in beiden Schüsseln verrühren und je eine Mulde in die Mitte drücken.

3. In jede Schüssel die Hälfte von Kondensmilch und Vanille rühren. Eine Mischung in die vorbereitete Backform geben und mit einem Teigschaber glatt streichen.

4. Die Himbeeren in einem Standmixer pürieren. Durch ein Sieb in eine Schüssel streichen, um die Kerne zu entfernen. Himbeerpüree, Lebensmittelfarbe und Himbeeraroma in die zweite Kokosmischung rühren. Falls die Mischung zu feucht ist, mehr Puderzucker unterrühren.

5. Die rosafarbene Kokosmischung über die weiße Schicht streichen und 3 Stunden in den Kühlschrank stellen, bis alles fest ist.

6. Die Kokosmasse aus der Backform heben, das Backpapier abziehen und in 20 quadratische Konfektstücke schneiden. In einem luftdichten Behälter kann das Kokoskonfekt kühl und trocken bis zu 5 Tage aufbewahrt werden.

Mini-Paradiesäpfel

Ergibt 12 Stück
Zubereiten: 25 Minuten
Kochen: 20–25 Minuten

---

3 große rote Äpfel

Saft von 1 Zitrone

---

100 g Feinstzucker

---

175 ml Wasser

---

15 g Butter

---

einige Tropfen rote Lebensmittelfarbe

Der Knusperbiss in einen köstlichen selbst gemachten Paradiesapfel ist kaum zu überbieten. Diese Miniausgaben können Sie auch als Überraschung nach einem Grillabend reichen.

1. Eine Schüssel Eiswasser in den Kühlschrank stellen. Mit einem Melonen- oder Kugelausstecher 12 runde Kugeln aus den Äpfeln stechen. Jede Kugel sollte etwas rote Schale haben, an dieser Stelle einen kleinen Spieß in jede Kugel stechen. Etwas Zitronensaft über das Fruchtfleisch pressen, damit die Äpfel nicht braun werden.

2. Zucker, Wasser und Butter in einen Topf mit dickem Boden geben. Sanft erhitzen, bis der Zucker aufgelöst ist, dabei den Topf regelmäßig schwenken, damit sich die Zutaten vermischen. Die Hitzezufuhr erhöhen und 12–15 Minuten kochen, bis die Temperatur der Mischung auf dem Zuckerthermometer 160 °C anzeigt und tiefgoldfarben ist. Den Herd ausschalten und die Lebensmittelfarbe einrühren, bis die Blasenbildung aufhört.

3. Das Eiswasser aus dem Kühlschrank nehmen und bereitstellen. Die Äpfel zügig nacheinander erst mehrfach in der Karamellmischung drehen, damit sie gleichmäßig bedeckt sind, dann 30 Sekunden ins Eiswasser tauchen. Sofort servieren.

Nugatkonfekt mit Pistazie und Aprikose

Ergibt 16 Stück
Zubereiten: 30 Minuten
Kochen: 15 Minuten
Ruhen: 8–10 Stunden

Dieser weiße Nugat wird aus gekochtem Honig und Zuckersirup mit Eischnee, Nüssen und getrocknetem Obst gemacht. Er wird der französischen Stadt Montélimar zugeschrieben, wo er seit dem 18. Jahrhundert hergestellt wird. Er kann nach einem Essen zum Kaffee gereicht, über Eiscreme gekrümelt oder in Desserts und Pudding verarbeitet werden.

---

eckige Backoblaten

250 g Feinstzucker

125 ml Glukosesirup

85 g flüssiger Honig

2 EL Wasser

1 Prise Salz

1 Eiweiß

½ TL Vanilleextrakt

60 g weiche Butter, gewürfelt

50 g Pistazienkerne, grob gehackt

50 g getrocknete Aprikosen, fein gehackt

---

1. Eine quadratische Springform von 17 cm Seitenlänge mit Frischhaltefolie auslegen und an den Rändern überhängen lassen. Den Boden mit den Backoblaten auslegen.

2. Zucker, Glukosesirup, Honig, Wasser und Salz in einen Topf mit dickem Boden geben. Sanft erhitzen, bis der Zucker aufgelöst ist, dabei den Topf regelmäßig schwenken, damit sich die Zutaten vermischen. Die Hitzezufuhr erhöhen und 8 Minuten kochen, bis die Temperatur des Sirups auf dem Zuckerthermometer 120 °C anzeigt.

3. Das Eiweiß mit dem Mixer steif schlagen. Nach und nach ein Viertel des heißen Sirups in dünnem Strahl zugießen. Das Eiweiß dabei etwa 5 Minuten weiterschlagen, bis die Mischung sehr steif ist.

4. Den Topf mit dem restlichen Sirup auf kleiner Stufe 2 Minuten weitererhitzen, bis der Sirup auf dem Zuckerthermometer 143 °C anzeigt. Den Sirup langsam über den Eischnee gießen und ständig weiterschlagen.

5. Vanille und Butter zufügen und weitere 5 Minuten schlagen. Pistazienkerne und Aprikosen unterrühren.

6. Die Mischung in die Backform füllen und mit einem Palettenmesser glatt streichen. Mit Esspapier abdecken und 8–10 Stunden in den Kühlschrank stellen, bis die Mischung relativ fest ist.

7. Den Nugat aus der Backform heben und in 16 quadratische Konfektstücke schneiden. Servieren oder in einem luftdichten Behälter bis zu 5 Tage im Kühlschrank aufbewahren.

Schokoladen-Erdnussbutter-Kugeln mit Biss

Ergibt 36 Stück
Zubereiten: 25 Minuten
Kochen: 5 Minuten
Ruhen: 4–6 Stunden

250 g glatte Erdnussbutter

55 g Butter

20 g Puffreis

200 g Puderzucker

200 g Bitterschokolade, grob gehackt

Die Konfektkugeln aus Erdnussbutter sind hier mit Bitterschokolade ummantelt. Sie können aber auch weiße oder Milchschokolade nehmen oder auch eine Mischung aus allen drei Sorten.

1. 2 Backbleche mit Backpapier auslegen. Erdnussbutter und Butter in einem Topf mit dickem Boden zerlassen.

2. Puffreis und Puderzucker in eine große Rührschüssel geben. Die flüssige Butter darübergießen und umrühren. Wenn die Mischung so weit abgekühlt ist, dass man sie anfassen kann, mit den Handinnenflächen 2,5 cm dicke Kugeln formen, auf die vorbereiteten Backbleche legen und 3–4 Stunden in den Kühlschrank stellen, bis sie fest sind.

3. Die Schokolade in einer hitzebeständigen Schüssel über einem Topf mit siedendem Wasser erhitzen, bis die Schokolade geschmolzen ist (siehe Seite 9).

4. Die Kugeln mit zwei Teelöffeln einzeln in die Schokolade tauchen und komplett mit Schokolade überziehen. Herausheben und wieder auf die Backbleche legen. 1–2 Stunden zum Festwerden in den Kühlschrank stellen. Servieren oder in einem luftdichten Behälter bis zu 5 Tage im Kühlschrank aufbewahren.

Nusskonfekt mit Meersalz

Ergibt 12 Stück
Zubereiten: 15 Minuten
Kochen: 10–15 Minuten
Ruhen: 10 Minuten

Dieses Rezept kann ebenso gut mit ganzen geschälten Mandeln oder Cashewkernen zubereitet werden.

55 g Pekannusskerne oder Walnusskerne

300 g Feinstzucker

175 ml Wasser

2 TL Meersalz

1. Den Backofengrill auf mittlerer Stufe vorheizen.

2. Die Pekannüsse auf einem Backblech ausbreiten und 3–4 Minuten unter dem Grill rösten. Zwischendurch einmal durchschütteln. Die Nüsse auf die 12 Vertiefungen einer Silikon-Backform für Mini-Muffins verteilen.

3. Zucker und Wasser in einen Topf mit dickem Boden geben. Sanft erhitzen, bis der Zucker aufgelöst ist. Den Topf schwenken, damit sich die Zutaten mischen, bis alles leicht und gleichmäßig bräunt. Weitererhitzen, bis sich ein intensiveres Braun ergibt, dabei ständig überwachen, dass nichts anbrennt. Das Meersalz darüberstreuen. Den Karamell in eine Kanne füllen und schnell über die Nüsse in den Vertiefungen der Mini-Muffinform gießen. 10 Minuten abkühlen lassen, bis das Konfekt fest ist. Dann das Konfekt aus der Form stürzen. Es kann in einem luftdichten Behälter kühl und trocken bis zu 5 Tage aufbewahrt werden.

Karamell und Fudge

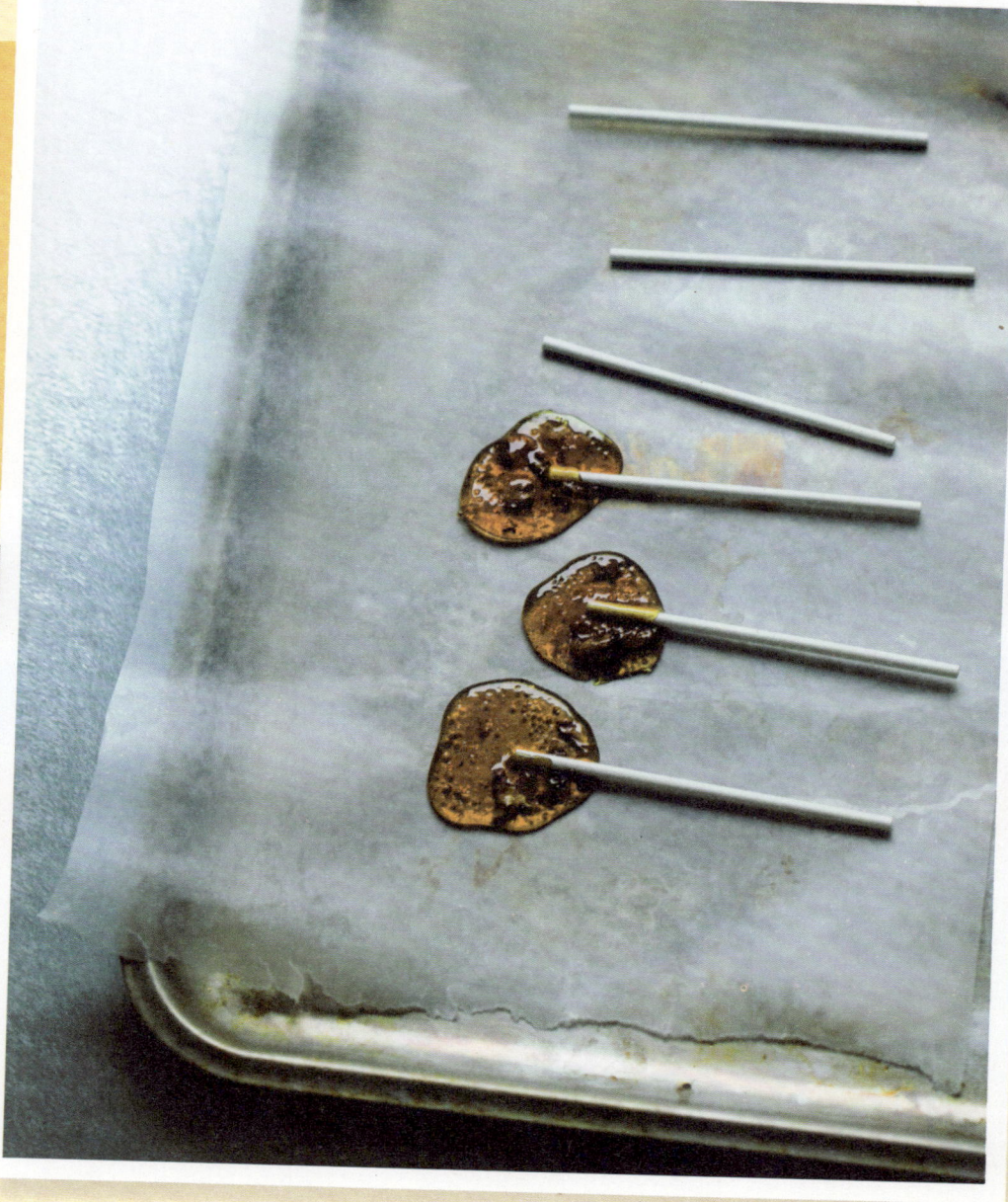

Popcorn mit Karamell

Ergibt 200 g
Zubereiten: 15 Minuten
Kochen: 5–10 Minuten

25 g Butter

55 g Puffmais

KARAMELLÜBERZUG

40 g Butter

55 g brauner Zucker

2 EL heller Zuckerrübensirup

Dieses Popcorn ist wunderbar für Kindergeburtstage. Zusätzlichen Pfiff erhält es, wenn man es mit ein wenig Cayennepfeffer bestreut – die Version für Erwachsene.

1. Die Butter in einem großen Topf mit dickem Boden erhitzen. Den Puffmais hineinstreuen und den Topf schwenken, um den Puffmais gleichmäßig mit Butter zu überziehen.

2. Den Topf fest mit dem Deckel verschließen, den Herd auf niedrige Stufe stellen und den Mais aufpuffen lassen. Den Topf dabei mehrfach schütteln, damit die noch nicht aufgepufften Körner auf den heißen Boden fallen und ebenfalls aufpuffen. Sobald kein Geräusch mehr zu hören ist, den Topf vom Herd nehmen und bedeckt stehen lassen.

3. Für den Karamell die Butter in einem Topf mit dickem Boden zerlassen. Zucker und Sirup einrühren und 1–2 Minuten auf hoher Stufe erhitzen, bis der Zucker aufgelöst ist.

4. Den Karamell über das fertige Popcorn gießen, den Deckel wieder auf den Topf setzen und gut schütteln. Leicht abkühlen lassen und sofort servieren.

Wabenkrokant

Ergibt: etwa 20 Stück
Zubereiten: 15 Minuten
Kochen: 10–15 Minuten
Ruhen: 5 Minuten

Sonnenblumenöl, zum Einfetten

175 g Feinstzucker

100 g heller Zuckerrübensirup

100 g Butter, gewürfelt

2 TL Speisenatron

Diesen leichten und knusprigen Krokant bricht man einfach in mundgerechte Stücke oder isst ihn zu kleinen Stücken zerdrückt über Eiscreme.

1. Eine quadratische Backform von 20 cm Seitenlänge mit Öl einpinseln.

2. Zucker, Sirup und Butter in einen Topf mit dickem Boden geben. Sanft erhitzen, bis der Zucker aufgelöst ist. Den Topf schwenken, damit sich die Zutaten vermischen. Dann 4–5 Minuten auf hoher Stufe kochen, bis die Mischung eine hellgoldene Farbe annimmt.

3. Das Speisenatron einige Sekunden vorsichtig einrühren – die Mischung bildet Blasen und kann spritzen.

4. Die Zuckermischung in die vorbereitete Backform gießen. 5 Minuten abkühlen lassen, bis sie fest ist. Den Krokant herausnehmen und in Stücke brechen. Er kann in einem luftdichten Behälter kühl und trocken bis zu 2 Wochen aufbewahrt werden.

Sesam-Cranberry-Knusperkonfekt mit Marshmallows

Ergibt 20 Stück
Zubereiten: 15 Minuten
Backen: 20 Minuten

150 g mittelgrobes Haferflockenmehl

55 g Sesamsaat

40 g brauner Zucker

35 g Mini-Marshmallows

70 g getrocknete Cranberrys

8 EL flüssiger Honig

5 EL Sonnenblumenöl, plus etwas mehr zum Einfetten

einige Tropfen Vanilleextrakt

Diese süßen Bissen lassen sich gut im Voraus zubereiten. Man kann sie zu Kaffee oder Tee reichen oder als kleinen süßen Nachtisch nach dem Mittagessen genießen.

1. Den Backofen auf 160 °C vorheizen. Eine Backform von 28 cm x 18 cm Seitenlänge leicht mit Öl einpinseln. Den Boden mit Backpapier auslegen.

2. Haferflockenmehl, Sesamsaat, Zucker, Marshmallows und Cranberrys in einer Rührschüssel vermengen. Eine Mulde in die Mitte drücken und Honig, Öl und Vanilleextrakt hineingeben. Erneut umrühren.

3. Die Mischung in die Backform geben und mit einem Löffel glatt streichen. 20 Minuten im vorgeheizten Ofen backen, bis die Oberfläche goldbraun ist und Blasen wirft.

4. In der Backform 10 Minuten abkühlen lassen, dann in kleine Quadrate schneiden. Vollständig abkühlen lassen, bevor die Stücke aus der Backform genommen werden. Das Knusperkonfekt kann in einem luftdichten Behälter kühl und trocken bis zu 2 Tage aufbewahrt werden.

Cashewkrokant

Ergibt: etwa 20 Stück
Zubereiten: 15 Minuten
Kochen: 25–30 Minuten

Ein verführerisch buttriger Krokant, der leicht zuzubereiten ist und Eindruck schindet! Sie können ihn auch mit gerösteten Erdnüssen zubereiten.

150 g geröstete gesalzene Cashewkerne

350 g Feinstzucker

¼ TL Weinsteinpulver

175 ml Wasser

15 g Butter

1. Eine quadratische Backform von 20 cm Seitenlänge mit Backpapier auslegen.

2. Die Cashewkerne in einer dünnen, gleichmäßigen Schicht aufstreuen.

3. Zucker, Weinsteinpulver und Wasser in einen Topf mit dickem Boden geben. Auf mittlerer Stufe unter ständigem Rühren zum Kochen bringen.

4. Die Temperatur reduzieren und 20–25 Minuten köcheln, bis die Temperatur der Mischung auf dem Zuckerthermometer 143 °C anzeigt. Die Butter einrühren und den Karamell anschließend vorsichtig über die Kerne träufeln. Vollkommen abkühlen lassen.

5. Den Krokant in Stücke brechen. Servieren oder in einem luftdichten Behälter kühl und trocken bis zu 2 Tage aufbewahren.

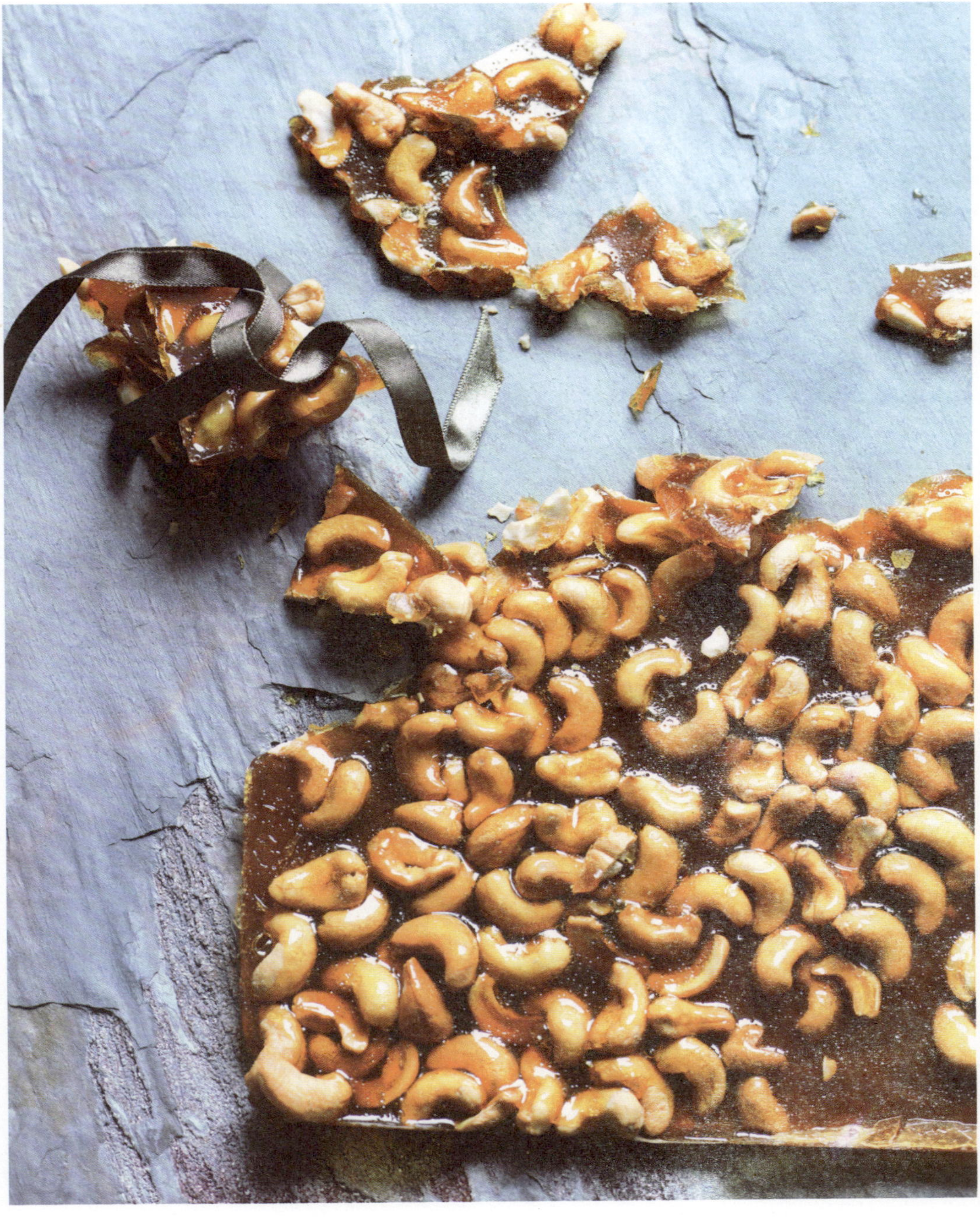

Pistazien-Krokant-Lollis

Ergibt 12 Stück
Zubereiten: 25 Minuten
Kochen: 25–30 Minuten
Ruhen: 5 Minuten

250 g Feinzucker

¼ TL Weinsteinpulver

150 ml Wasser

2 EL Pistazienkerne, fein gehackt

1 EL getrocknete Aprikosen, fein gehackt

1 EL Rosenblütenblätter (nach Belieben)

1 große Prise gemahlener Kardamom

Diese Krokantlollis mit Pistazienkernen schmecken leicht exotisch – Kinder und Erwachsene werden sie gleichermaßen mögen.

1. Eine große Backform mit Backpapier auslegen. Mit ausreichend Abstand voneinander 12 Lollistiele in die Form legen.

2. Zucker, Weinsteinpulver und Wasser in einen Topf mit dickem Boden geben. Auf mittlerer Stufe unter ständigem Rühren zum Kochen bringen.

3. Auf kleiner Stufe 20–25 Minuten köcheln, bis die Temperatur der Mischung auf dem Zuckerthermometer 143 °C anzeigt.

4. Den Topf vom Herd nehmen und Pistazien, Aprikosen, Rosenblütenblätter und Kardamom einrühren.

5. Schnell 1 gehäuften Teelöffel Sirup auf das Ende jedes Lollistiels träufeln. 5 Minuten fest werden lassen. Die Krokantlollis können in einem luftdichten Behälter kühl und trocken bis zu 2 Wochen aufbewahrt werden.

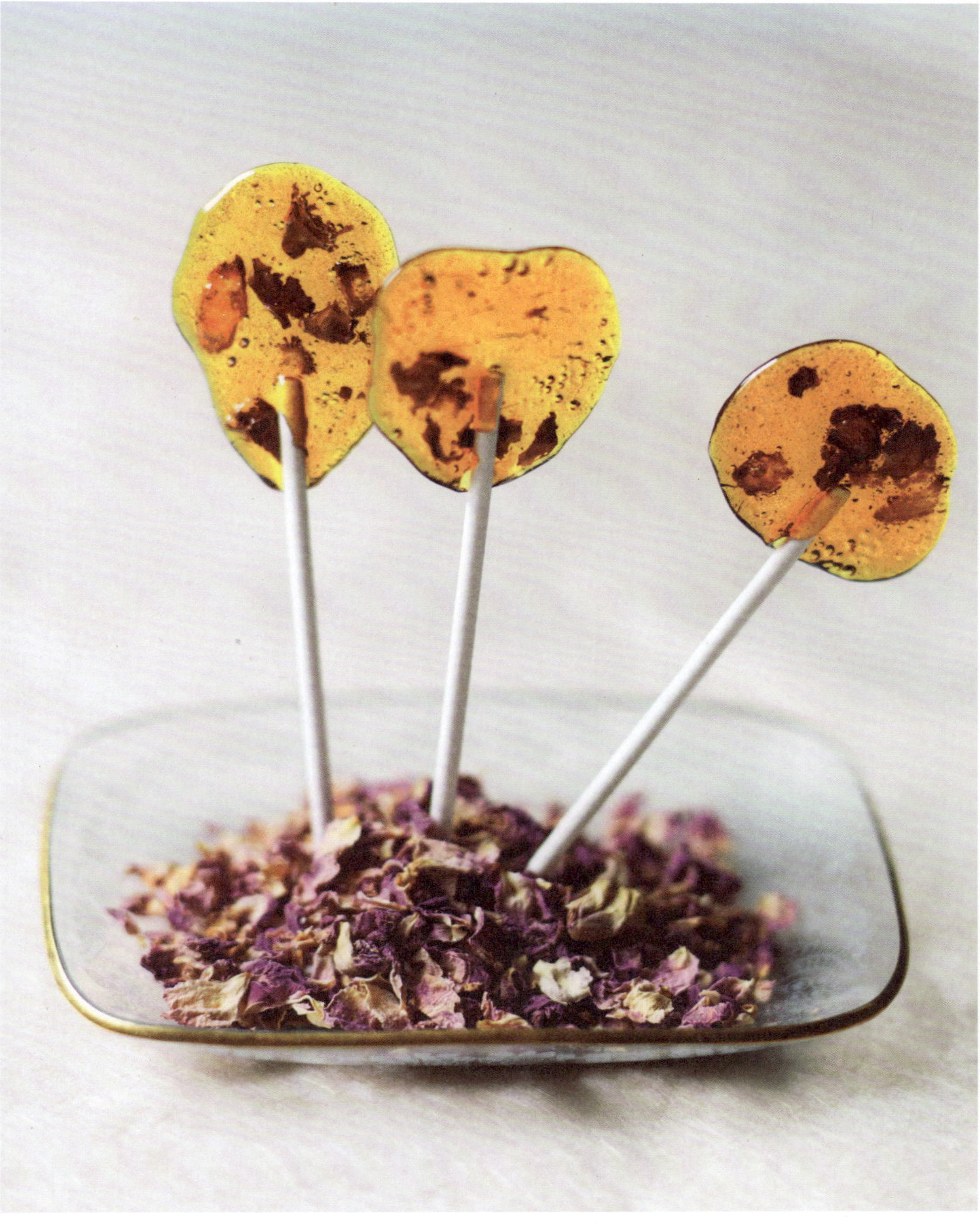

Vanille-Karamell-Fudge

Ergibt 16 Stück
Zubereiten: 15 Minuten
Kochen: 10–15 Minuten
Ruhen: 1 Stunde

Sonnenblumenöl, zum Einfetten

450 g Feinstzucker

85 g Butter

150 ml Vollmilch

150 g Kondensmilch

2 TL Vanilleextrakt

Aus fünf einfachen Zutaten können Sie den cremigsten Weichkaramell aller Zeiten zaubern. Alle werden begeistert sein! Vorsicht beim Umrühren – der Karamell ist sehr heiß.

1. Eine quadratische Backform von 20 cm Seitenlänge mit Öl einpinseln. Die Form mit Backpapier auslegen. Das Papier dabei an den Ecken diagonal einschneiden und in die Form drücken, damit Boden und Seiten bedeckt sind.

2. Zucker, Butter, Milch und Kondensmilch in einen Topf mit dickem Boden geben. Unter Rühren vorsichtig erhitzen, bis der Zucker aufgelöst ist.

3. Die Hitzezufuhr erhöhen und 12–15 Minuten kochen, bis die Temperatur der Mischung 115 °C auf dem Zuckerthermometer anzeigt (alternativ einen kleinen Löffel voll in Eiswasser tauchen – bei der richtigen Temperatur bildet sich eine Kugel). Gelegentlich umrühren, damit der Zucker nicht anbrennt.

4. Den Topf vom Herd nehmen, Vanilleextrakt zufügen und mit einem Holzlöffel rühren, bis der Karamell andickt.

5. Dann in die vorbereitete Backform gießen und gleichmäßig ausstreichen. 1 Stunde abkühlen lassen, bis der Fudge fest ist.

6. Aus der Backform heben, das Backpapier abziehen und den Fudge in kleine Quadrate schneiden. Der Weichkaramell kann in einem luftdichten Behälter kühl und trocken bis zu 2 Wochen aufbewahrt werden.

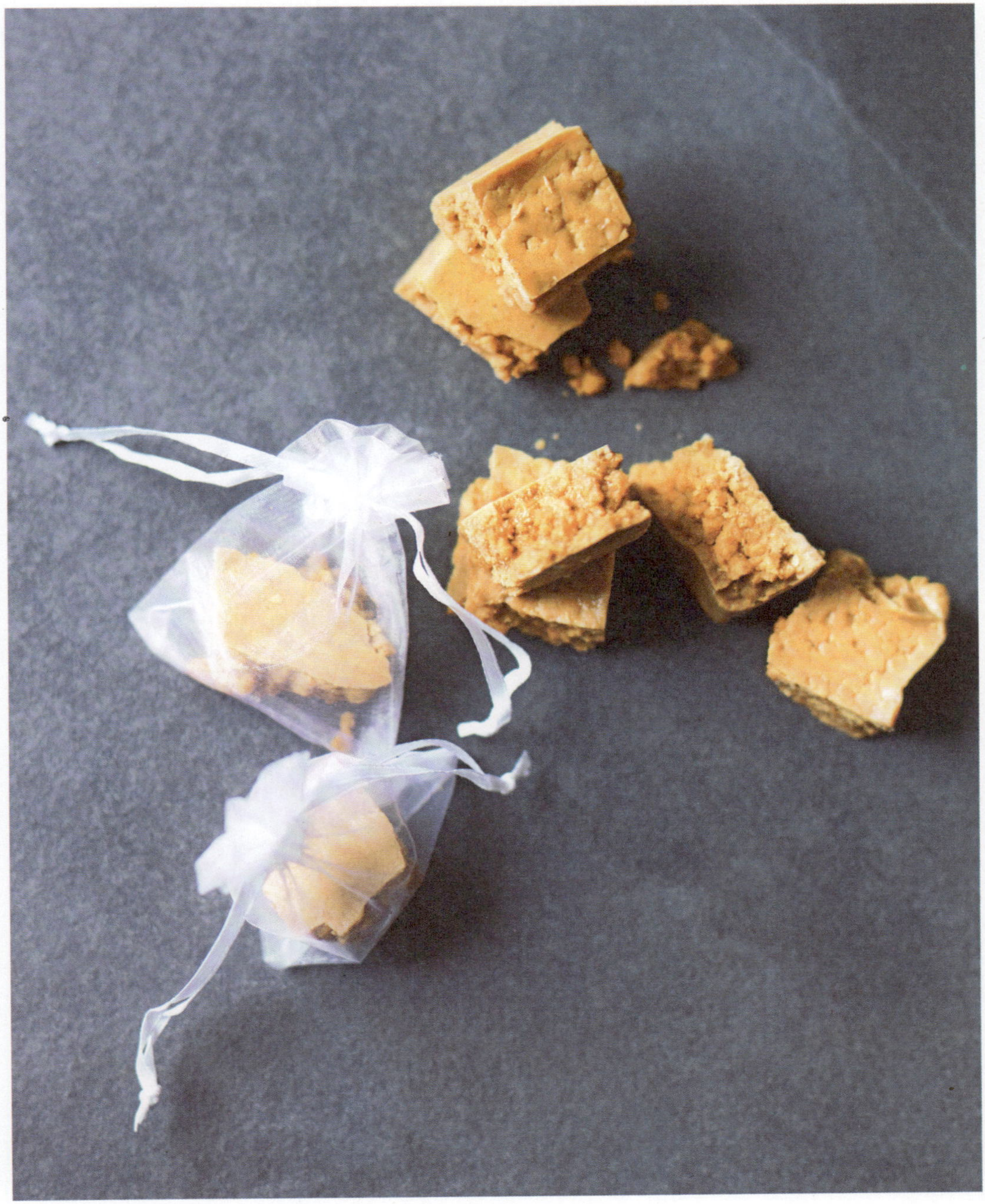

Beschwipster Schokoladen-Fudge

Ergibt 16 Stück
Zubereiten: 15 Minuten
Kochen: 15–20 Minuten
Ruhen: 2–3 Stunden

Wenn Sie Schokolade und Whisky mögen, ist dies die perfekte kleine Gaumenfreude für Sie. Man kann anstelle von Whisky auch einen guten Cognac oder Brandy verwenden.

Sonnenblumenöl, zum Einfetten

250 g brauner Zucker

100 g Butter, gewürfelt

400 g gezuckerte Kondensmilch

2 EL Glukosesirup

25 g Walnusskerne

150 g Bitterschokolade, grob gehackt

60 ml Whisky

1. Eine quadratische Backform von 20 cm Seitenlänge mit Öl einpinseln. Die Form mit Backpapier auslegen. Das Papier dabei an den Ecken diagonal einschneiden und in die Form drücken, damit Boden und Seiten bedeckt sind.

2. Zucker, Butter, Kondensmilch und Glukosesirup in einen Topf mit dickem Boden geben. Unter Rühren vorsichtig erhitzen, bis der Zucker aufgelöst ist.

3. Die Hitzezufuhr erhöhen und 12–15 Minuten kochen, bis die Temperatur der Mischung 115 °C auf dem Zuckerthermometer anzeigt (alternativ einen kleinen Löffel voll in Eiswasser tauchen – bei der richtigen Temperatur bildet sich eine Kugel). Gelegentlich umrühren, damit der Zucker nicht anbrennt. Vom Herd nehmen.

4. Schokolade und Whisky zufügen und rühren, bis die Schokolade geschmolzen ist. Den Grill auf mittlerer Stufe vorheizen. Die Walnüsse auf einem Backblech 2–3 Minuten unter dem Grill rösten. Dann grob hacken.

5. Die Fudge-Mischung in die vorbereitete Backform gießen, gleichmäßig ausstreichen und mit Walnüssen bestreuen. 1 Stunde ruhen lassen. Mit Frischhaltefolie abdecken und 1–2 Stunden im Kühlschrank fest werden lassen. Den Fudge aus der Backform heben, das Backpapier abziehen und in kleine Quadrate schneiden. Er kann in einem luftdichten Behälter kühl und trocken bis zu 2 Wochen aufbewahrt werden.

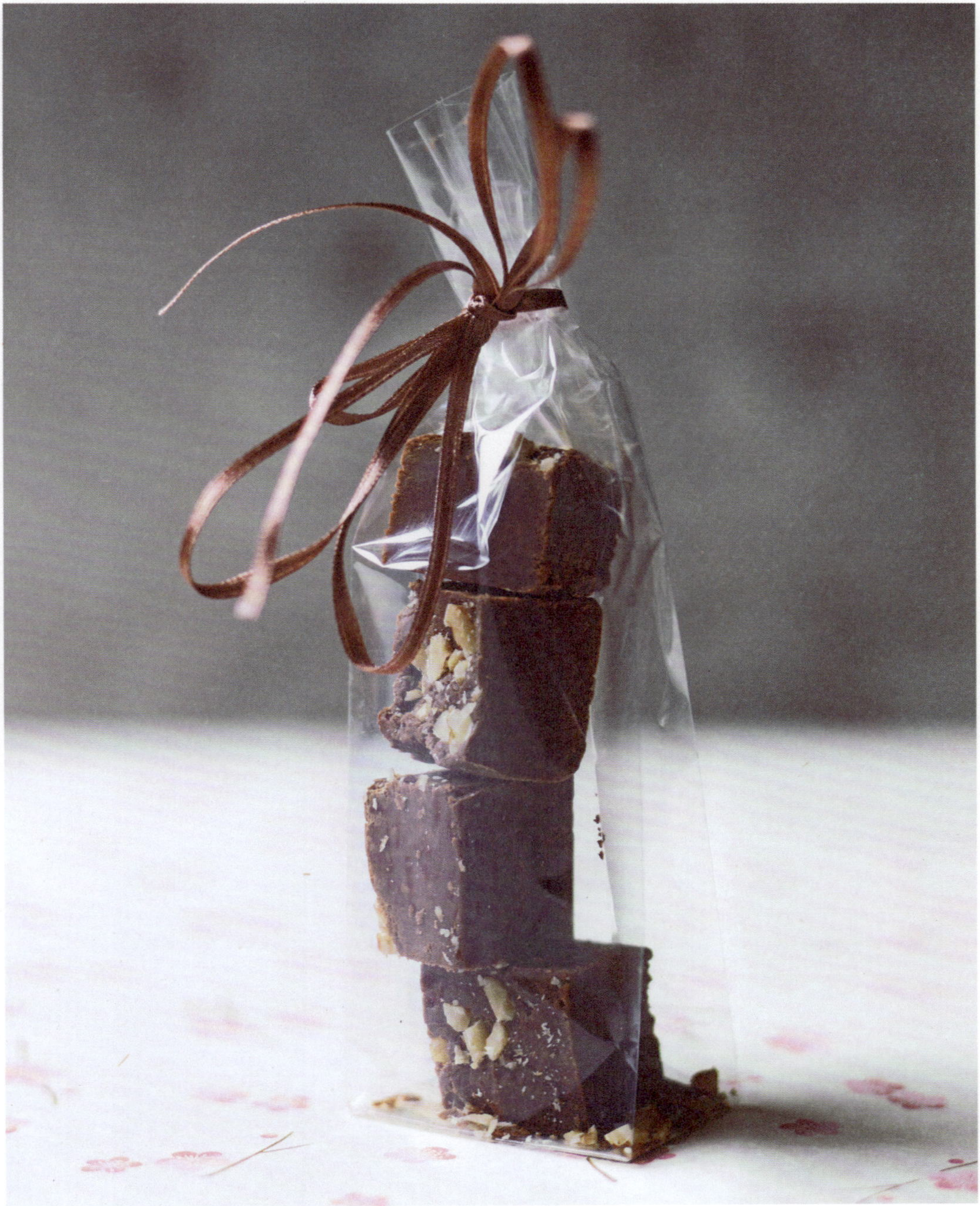

Schokoladen-Brezel-Fudge

Ergibt 16 Stück
Zubereiten: 15 Minuten
Kochen: 8–10 Minuten
Ruhen: 2–3 Stunden

Dieses Rezept ist ganz einfach. Die Salzbrezeln bilden einen herrlichen Kontrast zur reichhaltigen Süße der Schokolade und Kondensmilch.

175 g kleine Salzbrezeln

Sonnenblumenöl, zum Einfetten

2 EL Butter, gewürfelt

300 g Schokoladendrops (aus Milchschokolade)

400 g gezuckerte Kondensmilch

1 TL Vanilleextrakt

1. 55 g Brezeln grob hacken.

2. Eine quadratische Backform von 24 cm Seitenlänge mit Öl einpinseln. Die Form mit Backpapier auslegen. Das Papier an den Ecken diagonal einschneiden und in die Form drücken, damit Boden und Seiten bedeckt sind und weitere 5 cm auf allen Seiten überhängen.

3. Butter, Schokoladendrops, Kondensmilch und Vanille in einer hitzebeständigen Schüssel auf einen Topf mit siedendem Wasser 8–10 Minuten erhitzen. Gelegentlich rühren, bis die Schokolade soeben geschmolzen und die Mischung warm, aber nicht heiß ist. Vom Herd nehmen und die gehackten Salzbrezeln untermengen.

4. Die Mischung in die vorbereitete Backform gießen, gleichmäßig ausstreichen und die ganzen Brezeln leicht eindrücken. 1 Stunde ruhen lassen. Mit Frischhaltefolie abdecken und 1–2 Stunden im Kühlschrank fest werden lassen.

5. Den Fudge aus der Backform heben, das Backpapier abziehen und in kleine Quadrate schneiden. Er kann in einem luftdichten Behälter kühl und trocken bis zu 2 Wochen aufbewahrt werden.

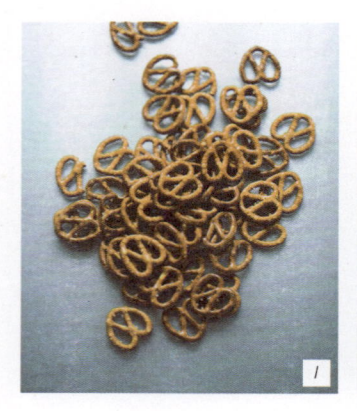

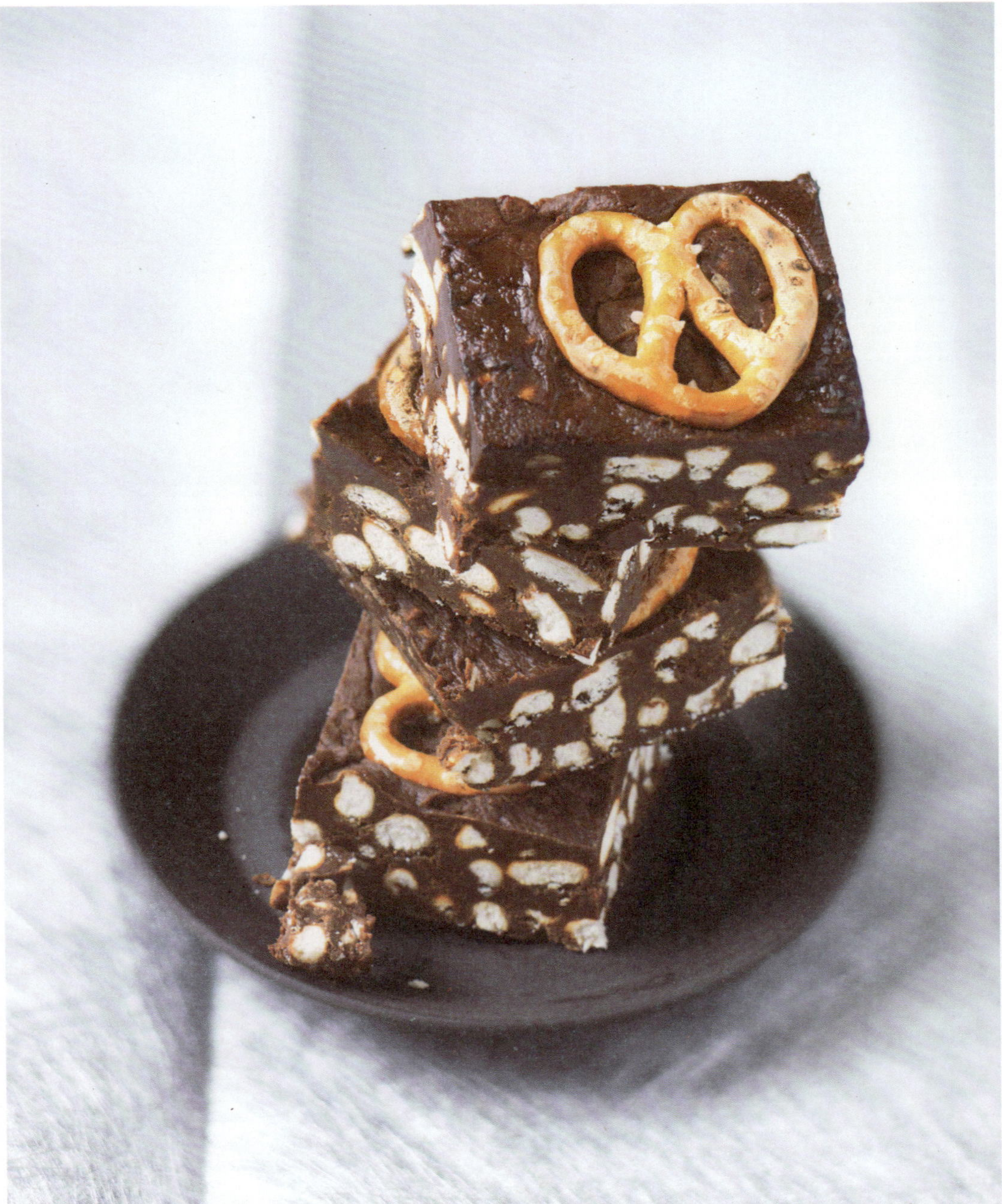

Schokolade

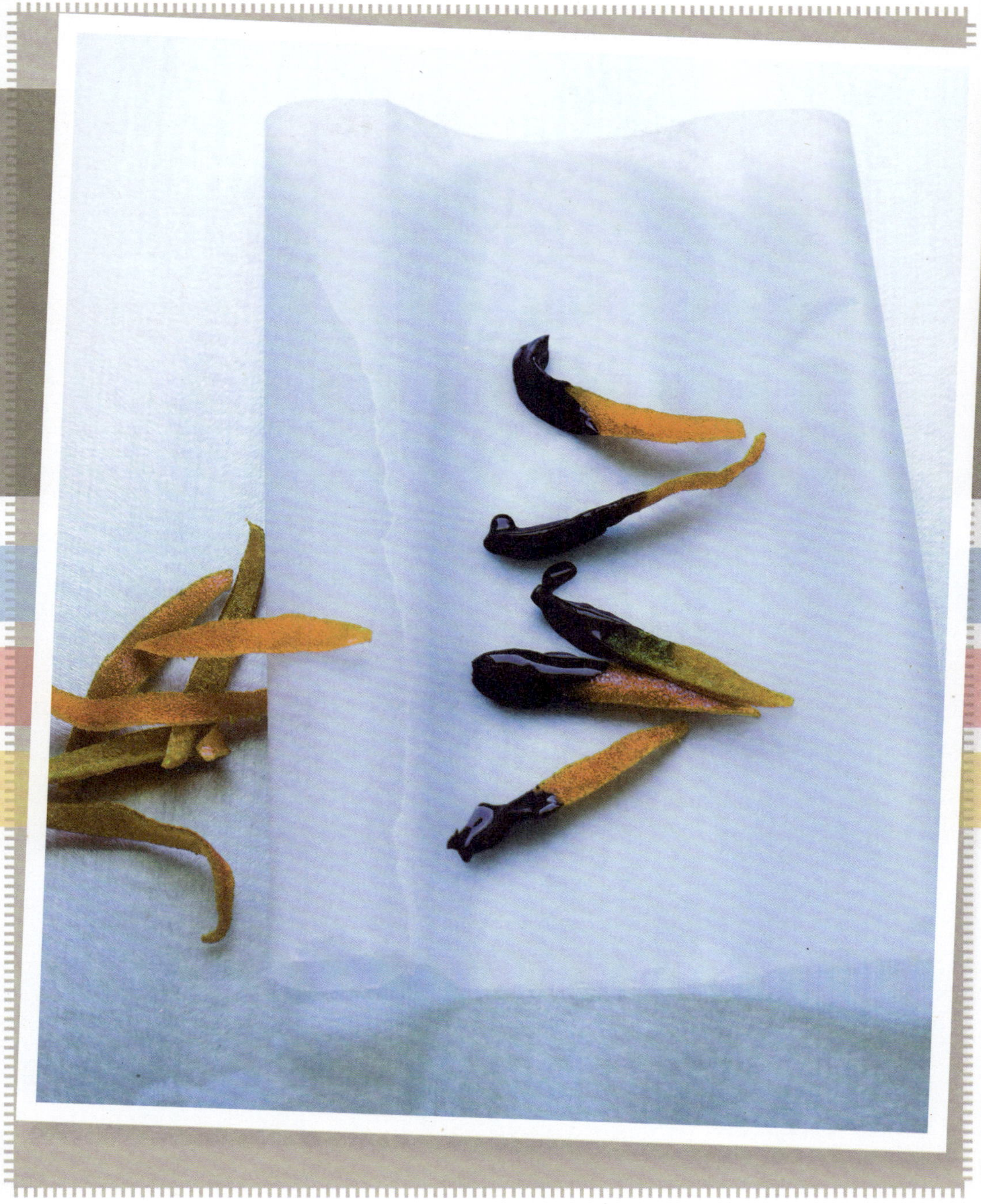

Kandierte Orangenschale mit Schokoladenguss

Ergibt 36 Stück
Zubereiten: 55 Minuten
Kochen: 1 Stunde
Ruhen: 2–4 Stunden

3 große Orangen

200 g Feinstzucker

200 ml Wasser

200 g Bitterschokolade, grob gehackt

Streifen von kandierter Orangenschale, in Bitterschokolade getaucht, sind hübsch verpackt ein elegantes, persönliches Mitbringsel. Sie passen vorzüglich zum Kaffee nach dem Essen.

1. Die Schale der Orangen mit einem scharfen Messer abschneiden und die weiße Unterhaut von der orangefarbenen Schale entfernen. Die Schale in 36 etwa 6 cm x 1 cm große Streifen schneiden, übrige Schale beseitigen.

2. Wasser in einem kleinen Topf zum Kochen bringen, die Streifen der Orangenschale 10 Minuten darin köcheln. Abgießen und unter fließend kaltem Wasser abspülen. Diesen Vorgang noch zweimal wiederholen.

3. Zucker und Wasser in einem Topf mit dickem Boden zum Kochen bringen. Auf kleiner Stufe unter Rühren 5 Minuten köcheln, bis der Zucker aufgelöst ist. Die Orangenschale hineingeben und weitere 15 Minuten auf kleiner Stufe köcheln. Die Orangenschale auf einem Kuchengitter 1–2 Stunden oder über Nacht auskühlen lassen. Ein Backblech mit Backpapier auslegen.

4. Die Schokolade in einer hitzebeständigen Schüssel über einem Topf mit siedendem Wasser erhitzen, bis sie geschmolzen ist.

5. Jeden Orangenstreifen zu einem Drittel in die Schokolade tauchen und auf das vorbereitete Backblech legen. 1–2 Stunden abkühlen lassen. Die kandierten Streifen können in einem luftdichten Behälter kühl und trocken bis zu 5 Tage aufbewahrt werden.

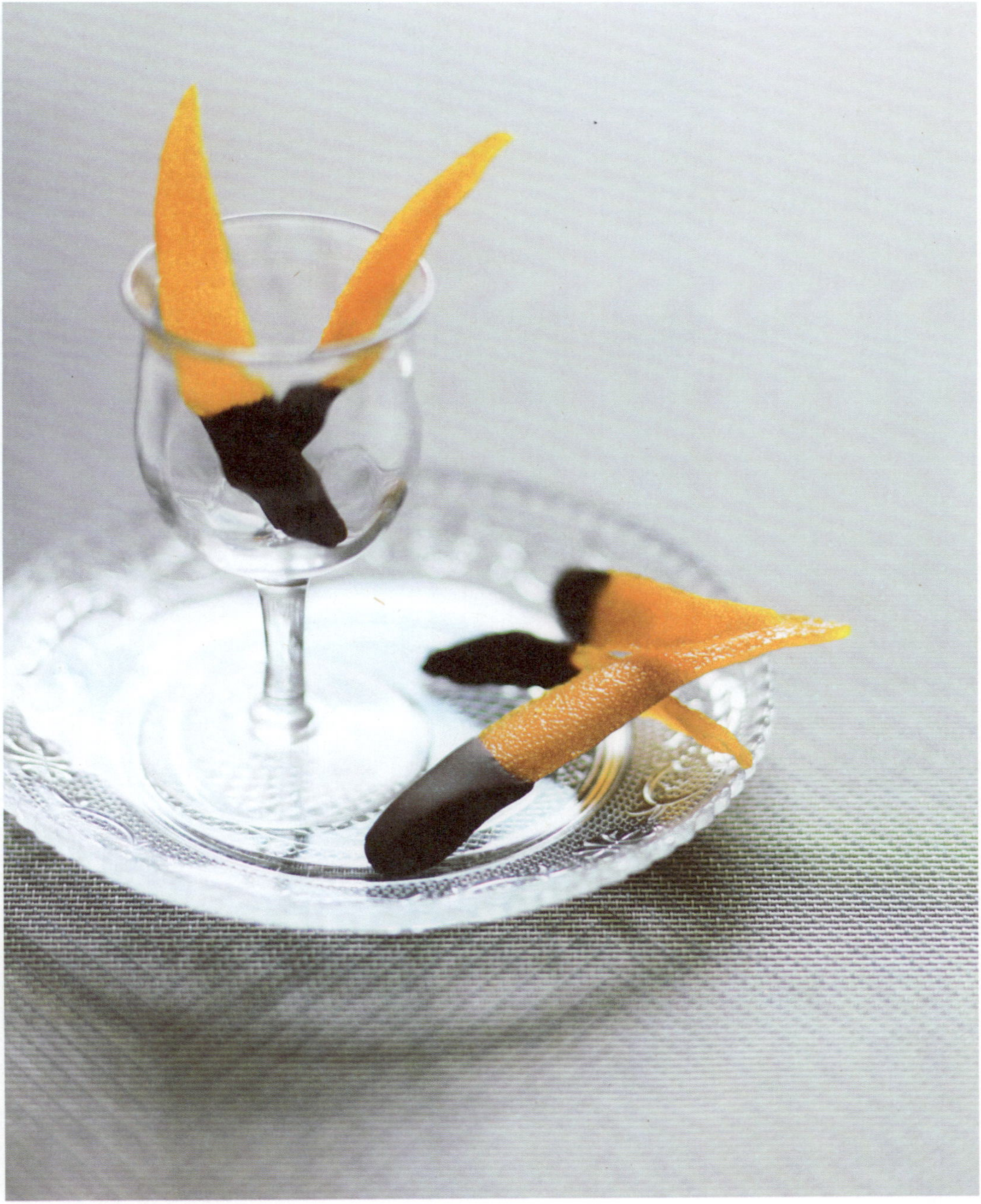

Karamell-Schoko-Konfekt mit Salz

Ergibt 20 Stück
Zubereiten: 30 Minuten
Backen: 35–40 Minuten

Meersalz und Karamell ist eine klassische Kombination, zu der hier noch Walnüsse kommen.

Sonnenblumenöl, zum Einfetten

200 g Bitterschokolade, grob gehackt

150 g Butter

2 Eier

175 g brauner Zucker

55 g Mehl

1 TL Backpulver

55 g Walnusskerne, grob gehackt

6 EL Dulce de Leche (Milchkonfitüre)

1 EL Meersalz

1. Den Backofen auf 170 °C vorheizen. Eine quadratische Backform von 20 cm Seitenlänge mit Öl einpinseln. Die Form mit Backpapier auslegen. Das Papier an den Ecken diagonal einschneiden und in die Form drücken, damit Boden und Seiten bedeckt sind.

2. 70 g Schokolade und die gesamte Butter in einer hitzebeständigen Schüssel über einem sanft köchelnden Wasserbad erhitzen (siehe Seite 9). Gelegentlich rühren, bis die Schokolade geschmolzen ist.

3. Eier und Zucker in eine Rührschüssel geben und Mehl und Backpulver darübersieben. Die geschmolzene Schokoladenmischung zufügen und alles gut verrühren. Walnüsse und restliche Schokolade unterrühren. Dann in die vorbereitete Backform gießen und gleichmäßig ausstreichen.

4. Die Dulce de Leche in einer Rührschüssel mit dem Schneebesen glatt rühren und mit einer Gabel durch die Schokoladenmischung ziehen. Das Meersalz darüberstreuen und 30–35 Minuten im vorgeheizten Ofen garen, bis sich die Seiten des Kuchens von der Form weg nach innen wölben. 1 Stunde auskühlen lassen.

5. Den Kuchen aus der Backform heben, das Backpapier abziehen und in kleine Quadrate schneiden. In einem luftdichten Behälter kann das Konfekt kühl und trocken bis zu 2 Tage aufbewahrt werden.

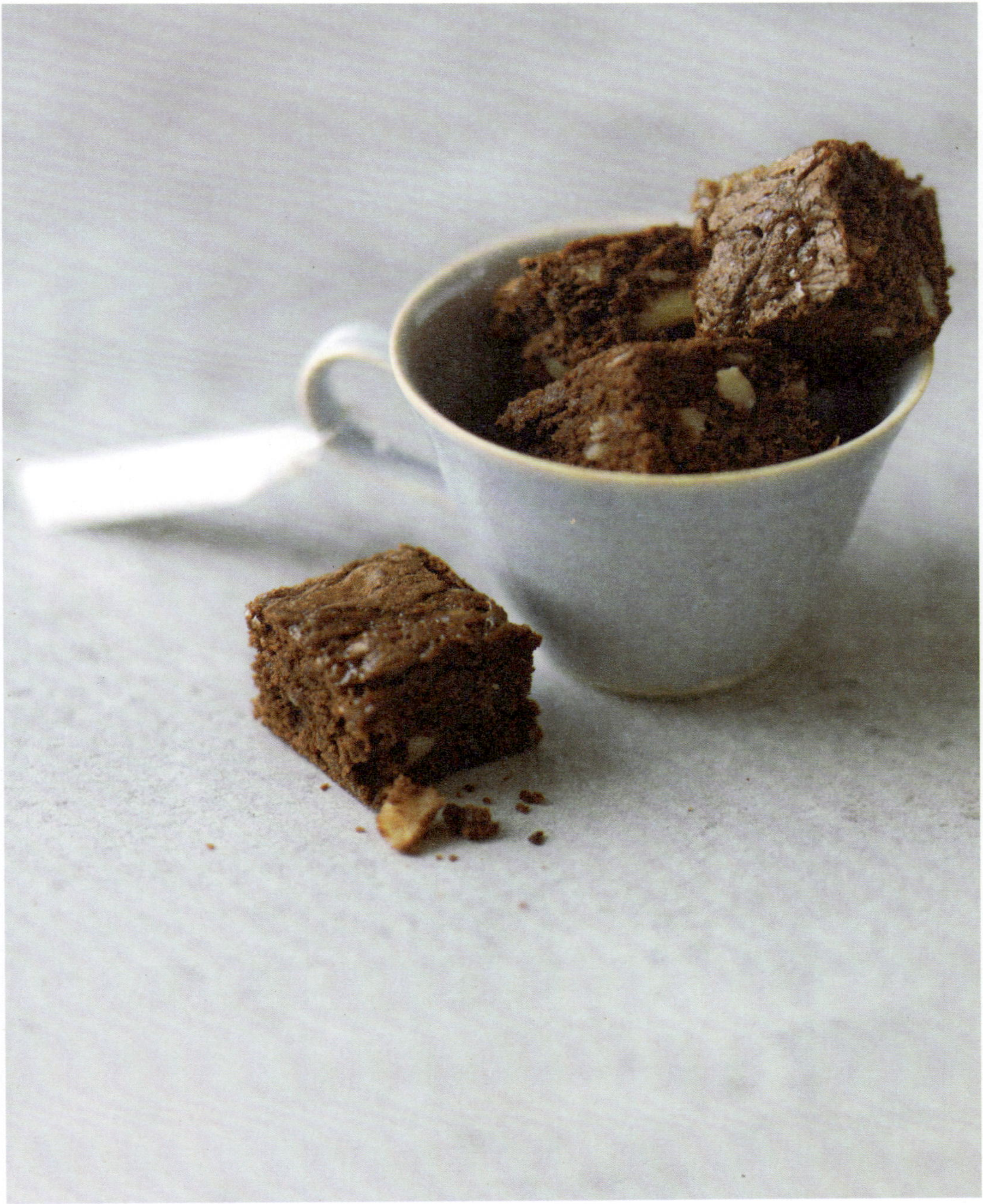

Erdbeeren mit Schokoladenspitzen

Ergibt 24 Stück
Zubereiten: 10 Minuten
Kochen: 3-4 Minuten
Ruhen: 1 Stunde

Schokolade verleiht jeder Gaumenfreude etwas Besonderes. Hier gibt sie den Erdbeeren ein lustiges Partykleid. Die Erdbeeren können einige Stunden vor dem Servieren zubereitet werden.

100 g Bitterschokolade, grob gehackt

100 g weiße Schokolade, grob gehackt

24 große Erdbeeren

1. Ein Backblech mit Backpapier auslegen. Weiße und Bitterschokolade jeweils in eine separate hitzebeständige Schüssel geben und beide über einem Wasserbad sanft erhitzen, bis sie geschmolzen sind (siehe Seite 9).

2. Die Spitze jeder Erdbeere entweder in weiße oder Bitterschokolade tauchen und dann auf das vorbereitete Backblech legen. 1 Stunde abkühlen lassen, bis die Schokolade fest ist.

3. Jede Erdbeere in ein Likörglas oder auf einen Teller setzen und servieren.

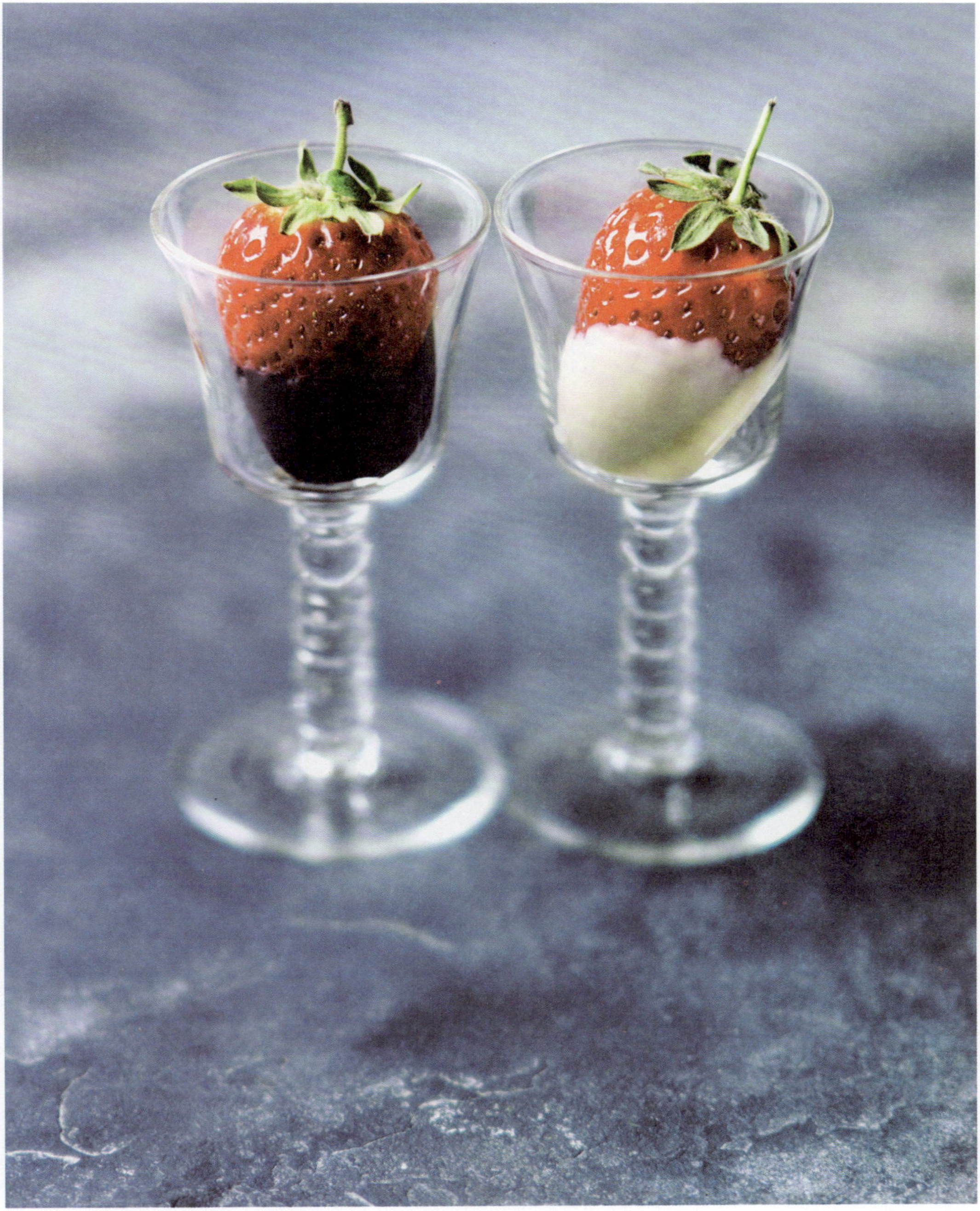

Mini-Florentiner mit Cranberrys und Ingwer

Ergibt 48 Stück
Zubereiten: 30 Minuten
Garen: 15–20 Minuten
Ruhen: 2 Stunden

Diese knusprigen Bissen sind ein italienischer Klassiker und eignen sich gut als kleines Präsent.

70 g Feinstzucker

55 g flüssiger Honig

100 g weiche Butter, plus etwas mehr zum Einfetten

50 g Kokosraspel

70 g Mandelblättchen

1 EL fein gehackte kandierte Zitrusschale

1 EL fein gehackter kandierter Ingwer (Ingwerpflaume)

100 g getrocknete Cranberrys

50 g Mehl, plus etwas mehr zum Bestäuben

250 g Bitterschokolade, grob gehackt

1. Den Backofen auf 180 °C vorheizen. 4 Mini-Muffinformen mit 12 Vertiefungen leicht mit Butter einfetten und mit Mehl bestäuben. (Der Boden jeder Vertiefung sollte etwa 2 cm Durchmesser haben.)

2. Zucker, Honig und Butter in einen Topf mit dickem Boden geben. Sanft erhitzen, bis der Zucker aufgelöst ist. Dabei rühren und den Topf schwenken, damit sich die Zutaten vermischen. Kokosraspel, Mandeln, Zitrusschale, kandierten Ingwer, Cranberrys und Mehl einrühren.

3. Die Mischung teelöffelweise in die Vertiefungen der Backformen füllen. 10–12 Minuten im vorgeheizten Ofen goldbraun backen. 1 Stunde in den Backformen auskühlen lassen. Mit einem Palettenmesser auslösen und auf ein Kuchengitter setzen.

4. Die Schokolade in einer hitzebeständigen Schüssel über einem Topf mit siedendem Wasser erhitzen, bis sie geschmolzen ist (siehe Seite 9).

5. Jeden Florentiner mit der unteren Hälfte in die geschmolzene Schokolade tauchen. Mit der Schokoladenseite nach oben auf ein Kuchengitter legen und 1 Stunde auskühlen lassen. In einem luftdichten Behälter können die Florentiner kühl und trocken bis zu 2 Tage aufbewahrt werden.

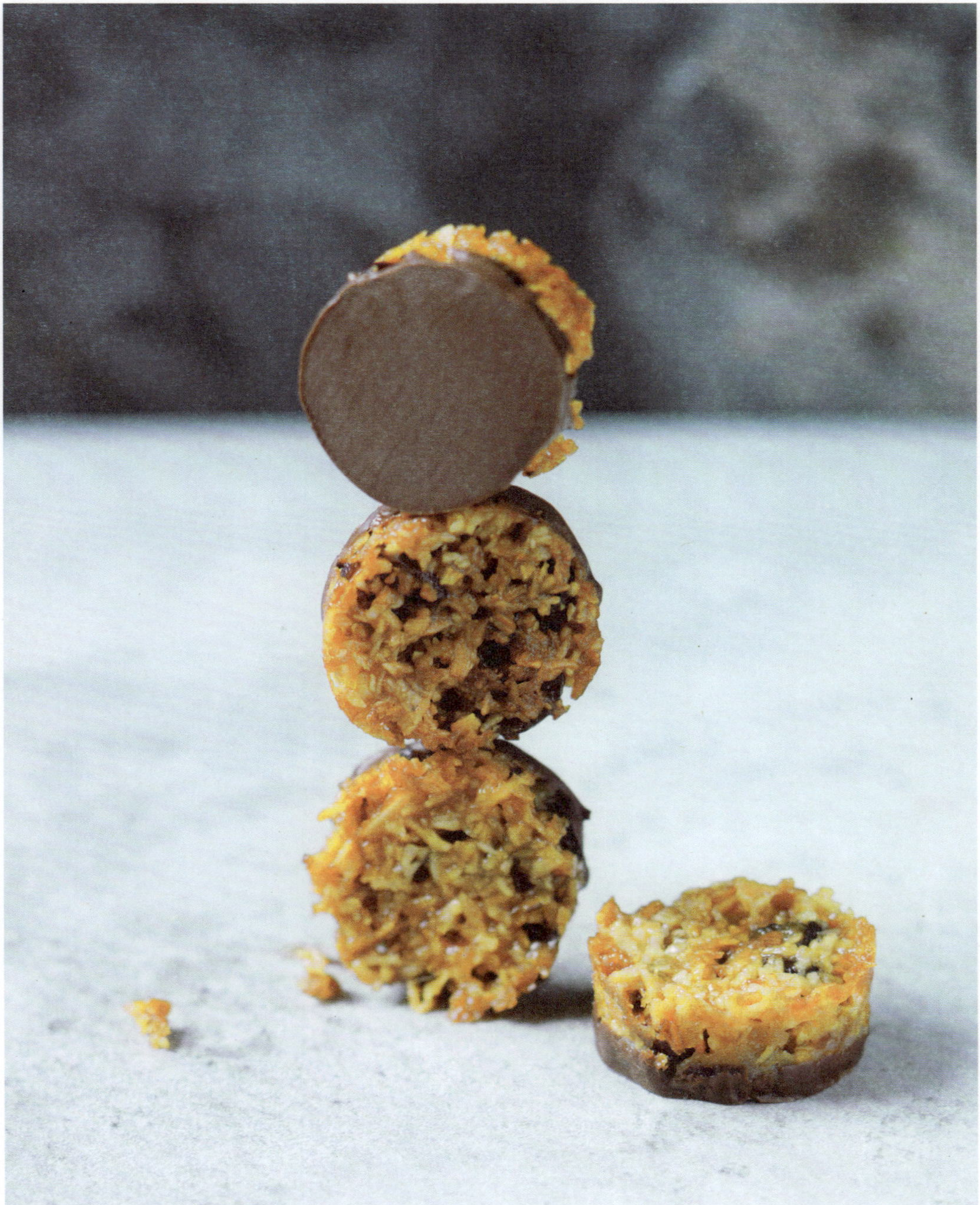

Schoko-Baiser-Küsse

Ergibt 40 Stück
Zubereiten: 40 Minuten
Backen: 50 Minuten
Ruhen: 2 Stunden

Diese eleganten kleinen Küsse aus schokoladenüberzogenem Baiser, die im Mund zergehen, können als Kanapees serviert oder als kleines Geschenk überreicht werden.

3 Eiweiß

1 TL Himbeeressig

150 g Feinstzucker

1 TL Speisestärke

2 EL Kakaopulver, gesiebt

200 g Bitterschokolade, grob gehackt

1. Den Backofen auf 160 °C vorheizen. 3 Backbleche mit Backpapier auslegen.

2. In einer Rührschüssel das Eiweiß steif schlagen. Nach und nach teelöffelweise Essig und Zucker unterschlagen, bis der Eischnee dick und glänzend ist. Mit einem Esslöffel Speisestärke und Kakao unterheben.

3. In einen großen Spritzbeutel mit einer großen sternförmigen Tülle füllen und 40 Häufchen von 2,5 cm auf die vorbereiteten Backbleche spritzen.

4. Die Bleche in den vorgeheizten Ofen schieben und die Temperatur sofort auf 120 °C reduzieren. Gegebenenfalls in mehreren Portionen 45 Minuten backen, bis die Baisers außen knusprig sind. Von den Blechen nehmen und mit dem Backpapier auf Kuchengitter setzen. 1 Stunde auskühlen lassen, dann vom Backpapier nehmen.

5. Die Schokolade in einer hitzebeständigen Schüssel über einem Topf mit siedendem Wasser erhitzen, bis sie geschmolzen ist (siehe Seite 9).

6. Die Backbleche erneut mit Backpapier auslegen. Den Boden der Baisers in die Schokolade tauchen und mit der Schokoladenseite nach oben auf die vorbereiteten Backbleche legen. 1 Stunde ruhen lassen. Die Schoko-Baiser-Küsse können in einem luftdichten Behälter kühl und trocken bis zu 2 Wochen aufbewahrt werden.

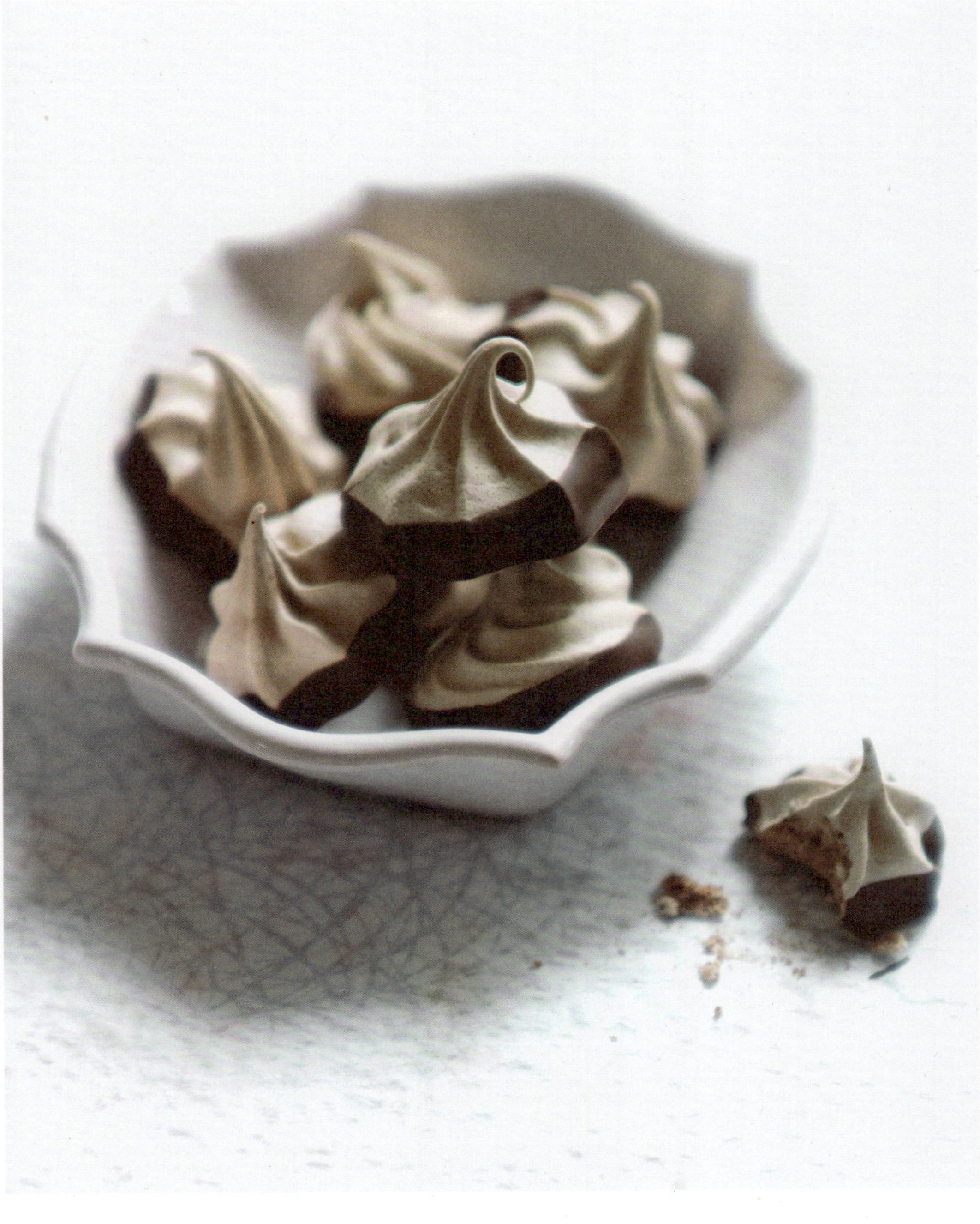

Pfefferminz-Nuss-Splitter

Ergibt etwa 25 Stück
Zubereiten: 20 Minuten
Kochen: 3-4 Minuten
Ruhen: 30 Minuten

200 g rot-weiße Pfefferminzstangen, in Stücke gebrochen

500 g weiße Schokolade, grob gehackt

100 g gehackte gemischte Nüsse

Diesen schokoladigen Genuss werden Kinder und Erwachsene mögen. Wenn Sie keine Pfefferminzstangen finden, ersetzen Sie sie durch andere Süßigkeiten mit Pfefferminzgeschmack.

1. Eine Backform von 30 cm x 20 cm mit Backpapier auslegen.

2. Die Pfefferminzstücke in einen Gefrierbeutel geben und gut verschließen. Mit einer Teigrolle auf den Beutel schlagen, bis die großen Stücke in Splitter zerbrochen sind.

3. Die Schokolade in einer hitzebeständigen Schüssel über einem Topf mit siedendem Wasser erhitzen, bis die Schokolade geschmolzen ist (siehe Seite 9). Vom Herd nehmen und drei Viertel der Pfefferminzsplitter einrühren.

4. Die Mischung in die vorbereitete Backform gießen, gleichmäßig ausstreichen und mit gehackten Nüssen und den restlichen Pfefferminzsplittern bestreuen. Leicht andrücken, damit alles in der Schokolade klebt. Mit Frischhaltefolie abdecken und 30 Minuten im Kühlschrank fest werden lassen.

5. Die Platte in Splitter brechen. In einem luftdichten Behälter können die Stücke kühl und trocken bis zu 2 Wochen aufbewahrt werden.

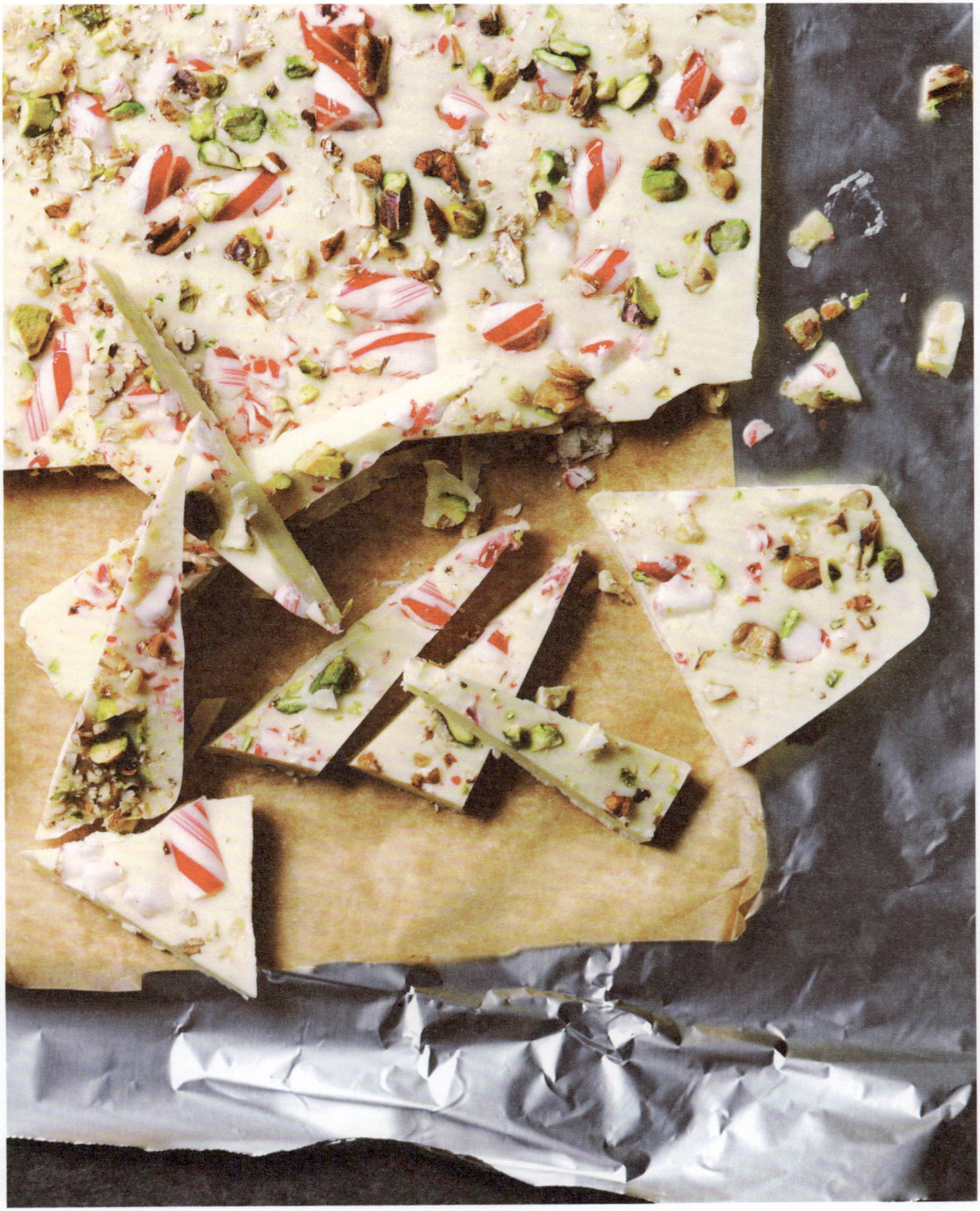

Mini-Donuts mit Schokolade

Ergibt 50 Stück
Zubereiten: 30 Minuten
Kochen: 1½–2 Stunden
Ruhen: 1 Stunde

500 g Mehl, plus etwas mehr zum Bestäuben

1 TL Backpulver

90 g Feinzucker

2 Eier

2 EL Sonnenblumenöl, plus mehr zum Frittieren

200 ml Milch

100 g Bitterschokolade, grob gehackt

Diese Mini-Donuts können auch nur mit Puderzucker bestreut werden, falls Sie den Schokoladenüberzug nicht mögen.

1. Die Arbeitsfläche mit Mehl bestäuben. Mehl und Backpulver in eine große Schüssel sieben. Den Zucker zufügen und verrühren.

2. In einer separaten Schüssel Eier, 2 Esslöffel Öl und die Milch mit dem Schneebesen verrühren und in die Mehlmischung geben. Mit einem Holzlöffel zu einer glatten Teigkugel verrühren und diese auf die bemehlte Arbeitsfläche legen.

3. Mit der Teigrolle gut 1 cm dick ausrollen. Zwei runde Ausstecher von 4 cm und 1 cm Durchmesser mit Mehl bestäuben. Mit dem größeren Ausstecher Kreise aus dem Teig ausstechen, mit dem kleineren die Mitte der Teigkreise. Die Teigreste erneut ausrollen und weitere Donuts formen.

4. Das Öl zum Frittieren in einem tiefen Topf auf 180 °C erhitzen – ein kleines Stück Weißbrot sollte darin sofort bräunen.

5. Einen Teller mit Küchenpapier auslegen. Jeweils 2–3 Donut-Ringe vorsichtig ins Öl tauchen und 3–4 Minuten frittieren, bis sie gar und goldbraun sind. Herausnehmen und auf dem Küchenpapier abtropfen und auskühlen lassen.

6. Die Schokolade in einer hitzebeständigen Schüssel über einem Topf mit siedendem Wasser erhitzen, bis sie geschmolzen ist. Die obere Hälfte der Donuts in die Schokolade tauchen und 1 Stunde auf einem Kuchengitter trocknen lassen. Sofort servieren.

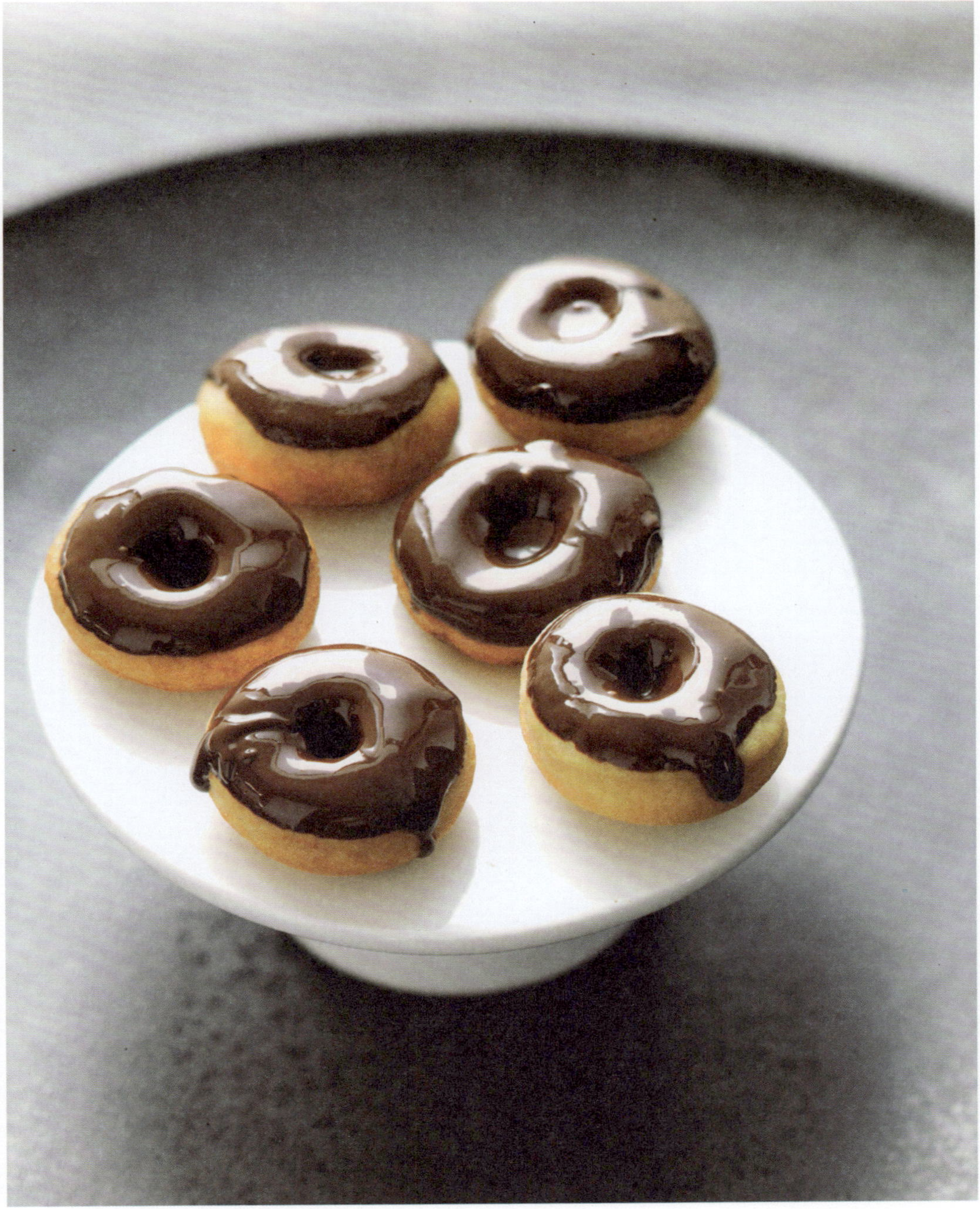

Schoko-Schnäuzer

Ergibt 6 Stück
Zubereiten: 10 Minuten
Kochen: 3–4 Minuten
Ruhen: 1 Stunde

250 g Bitterschokolade, grob gehackt

Dunkle, köstliche Schoko-Schnauzbart-Lollis für große Gentlemen und kleine Jungs, die auf Partys garantiert für Spaß sorgen!

1. Die Schokolade in einer hitzebeständigen Schüssel über einem Topf mit siedendem Wasser erhitzen, bis sie geschmolzen ist (siehe Seite 9). Einige Minuten abkühlen lassen.

2. Die geschmolzene Schokolade in 6 Schnauzbart-Formen von je 100 ml füllen.

3. Einen Lollistiel fest in jeden Schnäuzer drücken. 1 Stunde in den Kühlschrank stellen, bis die Schokolade fest ist. Vorsichtig auslösen. Die Schokolade hält sich in einem luftdichten Behälter kühl und trocken gelagert bis zu 2 Wochen.

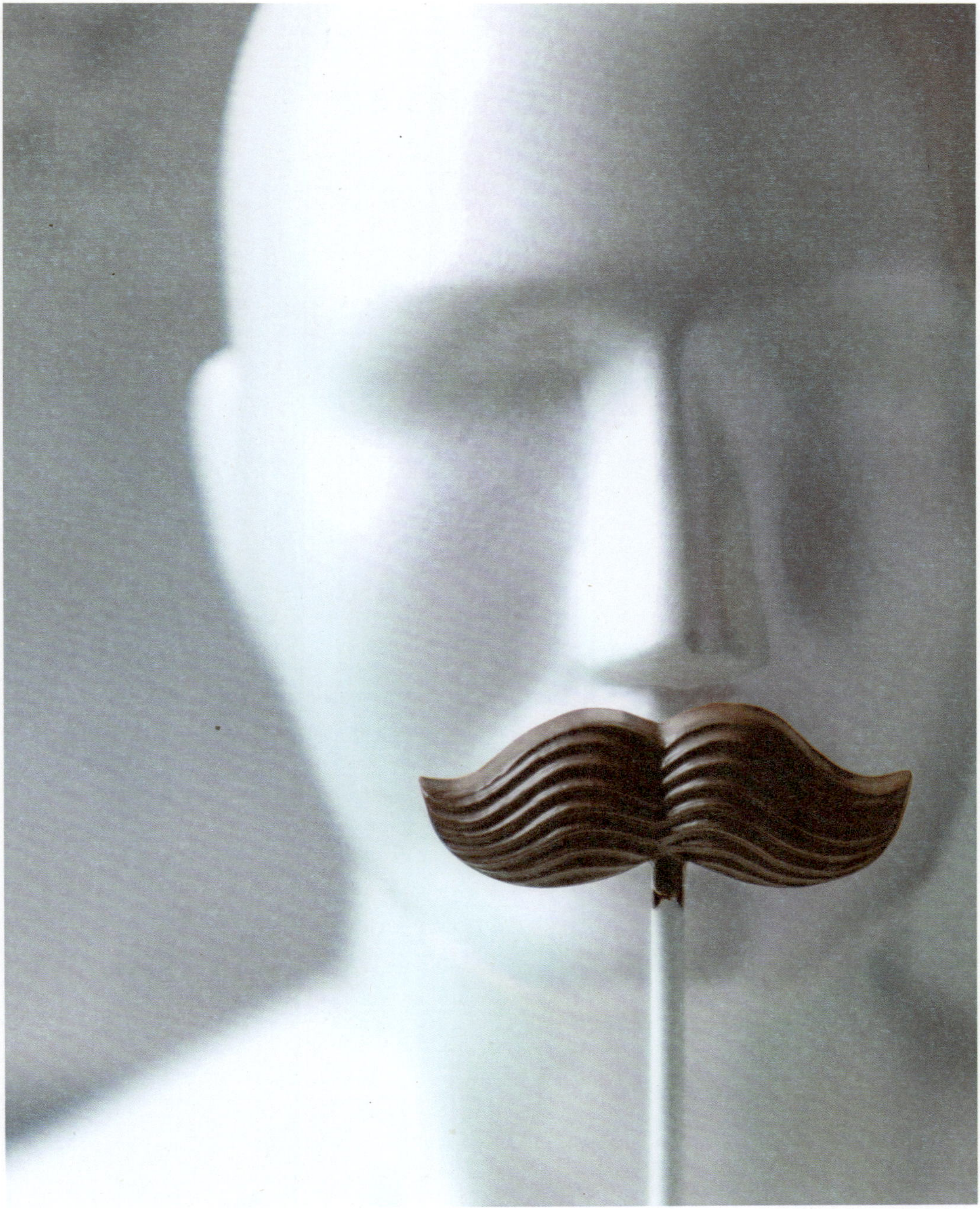

pralinés

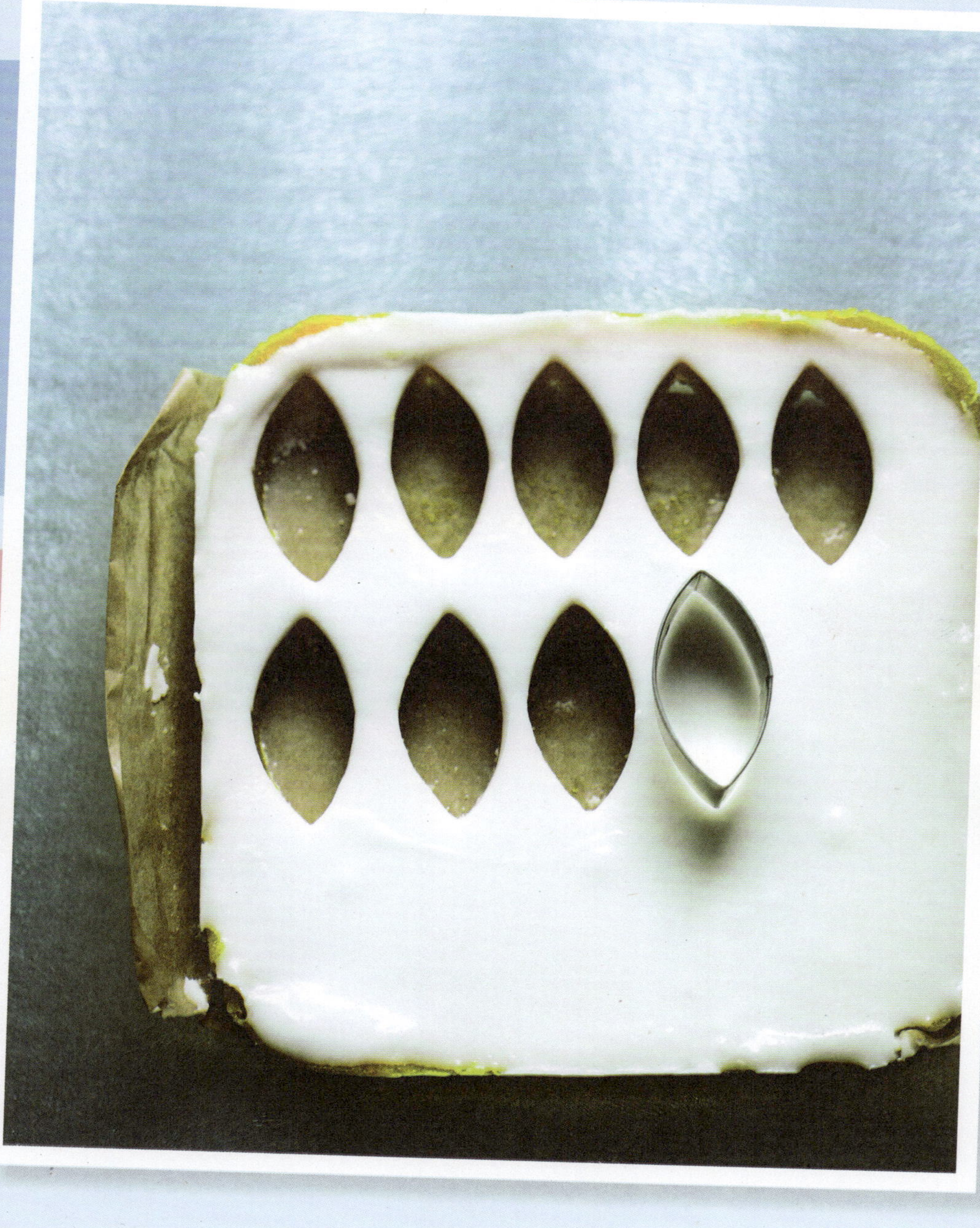

Pfefferminztaler

Ergibt 25 Stück
Zubereiten: 30 Minuten
Ruhen: 25 Stunden

1 großes Eiweiß

325 g Puderzucker, gesiebt, plus etwas mehr (bei Bedarf)

einige Tropfen Pfefferminzaroma

einige Tropfen grüne Lebensmittelfarbe

100 g Bitterschokolade, grob gehackt

Diese hübschen und geschmackvollen Pfefferminztaler erfreuen sich großer Beliebtheit. Sie sind nach einem Abendessen sehr erfrischend.

1. Ein Backblech mit Backpapier auslegen.

2. In einer großen Schüssel das Eiweiß aufschlagen, es sollte aber noch klar sein.

3. Den Puderzucker zum Eiweiß geben und mit einem Holzlöffel verrühren, bis die Mischung steif ist. Das Pfefferminzaroma und die Lebensmittelfarbe einrühren.

4. Die Mischung mit den Handflächen zu walnussgroßen Kugeln formen und diese auf das vorbereitete Backblech legen. Mit einer Gabel flach drücken; falls die Masse an der Gabel klebt, diese vorher in Puderzucker tauchen. Die Taler 24 Stunden im Kühlschrank fest werden lassen.

5. Die Schokolade in einer hitzebeständigen Schüssel über einem Topf mit siedendem Wasser erhitzen, bis sie geschmolzen ist (siehe Seite 9). Die Pfefferminztaler halb in die Schokolade tauchen und 1 Stunde auf dem Backblech trocknen lassen. In einem luftdichten Behälter können sie bis zu 5 Tage im Kühlschrank aufbewahrt werden.

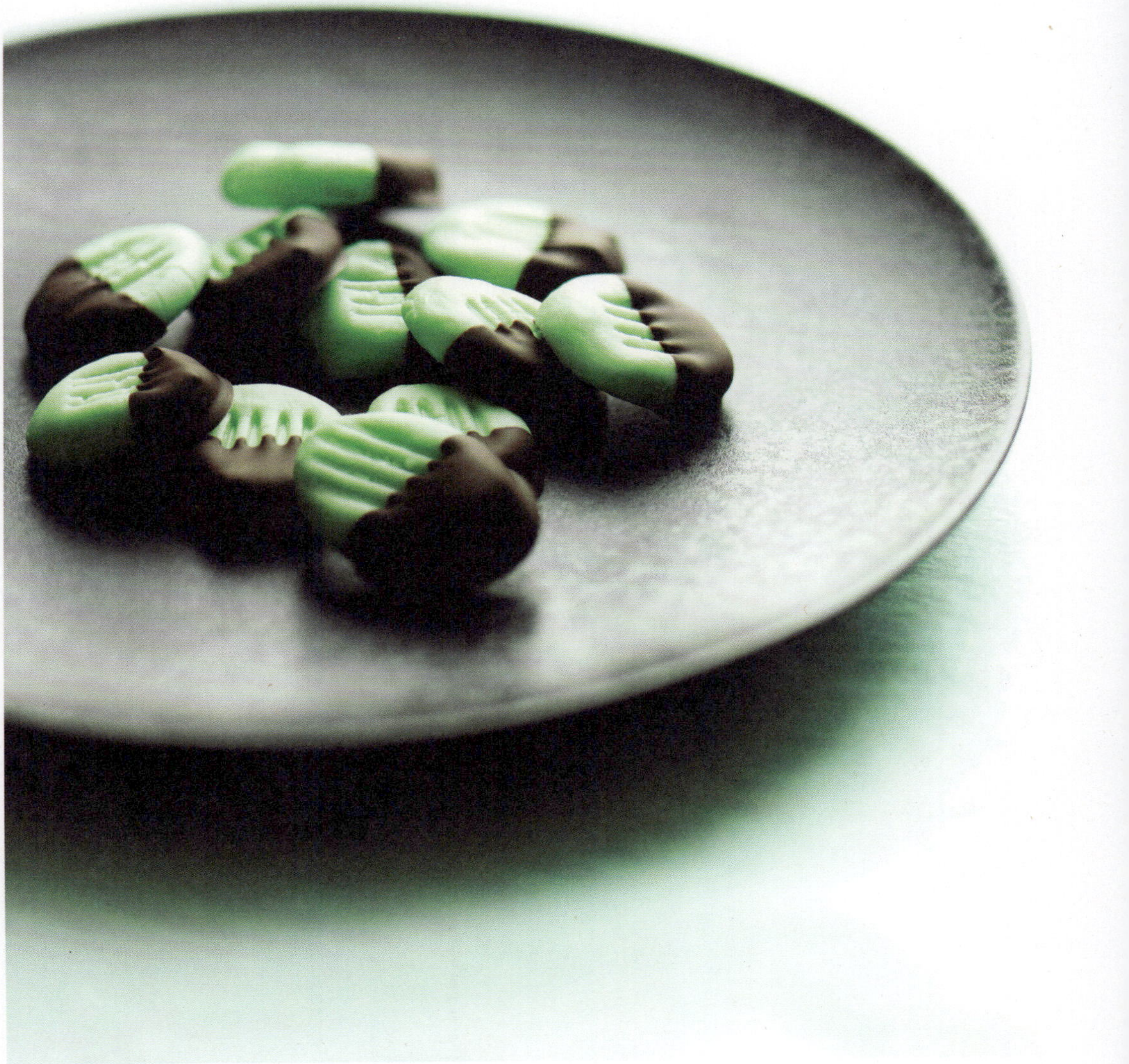

Schokoladen-Amaretto-Trüffeln

Ergibt 12 Stück
Zubereiten: 30 Minuten
Einweichen: 6–8 Stunden
Kochen: 5–10 Minuten
Ruhen: 1–2 Stunden

Diese köstlichen Kugeln sind ganz leicht herzustellen und sehen prächtig aus! Sie können auch mit einem anderen Likör als Amaretto zubereitet werden.

50 ml Amaretto

55 g Sultaninen

100 g Bitterschokolade, grob gehackt

2 EL Schlagsahne

70 g fertiger Schokoladenkuchen oder Brownie, zerbröselt

100 g Haselnüsse

55 g Schokoladenstreusel, zum Dekorieren

1. Amaretto und Sultaninen in einer kleinen Schüssel vermengen, abdecken und 6–8 Stunden ziehen lassen. Ein Backblech mit Backpapier auslegen.

2. Die Amarettomischung in der Küchenmaschine pürieren.

3. Schokolade und Sahne in einer hitzebeständigen Schüssel über einem Topf mit siedendem Wasser erhitzen, bis die Schokolade geschmolzen ist. Vom Herd nehmen, Amarettopüree und Kuchen in die Schokolade rühren.

4. Die Mischung leicht abkühlen lassen und mit den Handinnenflächen zu trüffelgroßen Kugeln formen. Auf das vorbereitete Backblech legen.

5. Den Backofengrill auf mittlerer Stufe vorheizen. Die Haselnüsse auf einem zweiten Backblech ausbreiten und 2–3 Minuten unter dem Grill rösten, bis sie braun sind. Zwischendurch einmal durchschütteln. Dann grob hacken.

6. Die Schokoladenstreusel auf einen Teller streuen, die Haselnüsse auf einen anderen. Eine Hälfte der Trüffeln in Schokoladenstreusel rollen; die andere in Haselnüssen. Anschließend wieder auf das Backblech legen, mit Backpapier bedecken und 1–2 Stunden im Kühlschrank fest werden lassen. In einem luftdichten Behälter können die Trüffel bis zu 5 Tage im Kühlschrank aufbewahrt werden.

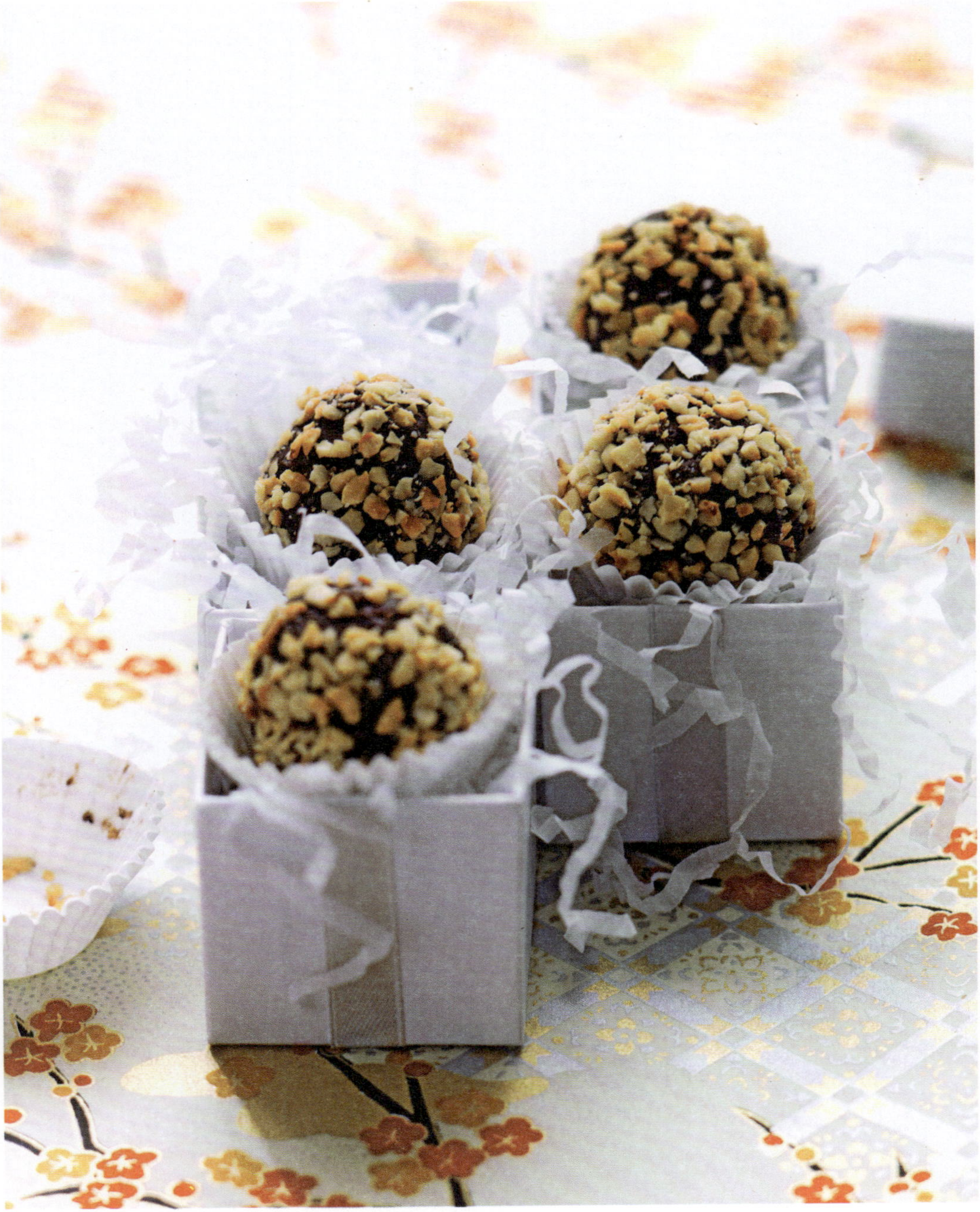

Zitronen-Schokoladen-Trüffeln

Ergibt 12 Stück
Zubereiten: 40 Minuten
Kochen: 5–10 Minuten
Ruhen: 13–18 Stunden

Wenn Sie diesen Trüffeln eine orientalische Note geben wollen, fügen Sie der Schokoladensahne eine Prise gemahlenen Kardamom und Sternanis hinzu.

300 g weiße Schokolade, grob gehackt

2 EL Sahne

fein abgeriebene Schale von 1 Zitrone

2 EL Limoncello (Zitronenlikör)

55 g weiche Butter, gewürfelt

25 g Pistazienkerne, grob gehackt

1. 100 g Schokolade mit der Sahne in einer hitzebeständigen Schüssel über einem Topf mit siedendem Wasser erhitzen, bis die Schokolade geschmolzen ist (siehe Seite 9).

2. Vom Herd nehmen. Zitronenschale, Limoncello und Butter zufügen und 3–4 Minuten mit dem Schneebesen glatt rühren. In einen luftdichten Behälter füllen und 6–8 Stunden in den Kühlschrank stellen, bis die Mischung relativ fest ist.

3. Ein Backblech mit Backpapier auslegen. Je 1 Teelöffel Mischung zwischen den Handinnenflächen zu einer kleinen Trüffelkugel formen. Auf das vorbereitete Backblech legen, mit Frischhaltefolie abdecken und 6–8 Stunden tiefkühlen.

4. Die restliche Schokolade in einer hitzebeständigen Schüssel über einem Topf mit siedendem Wasser erhitzen, bis sie geschmolzen ist. Jede Trüffel mit 2 Gabeln in die geschmolzene Schokolade tauchen und gleichmäßig ummanteln. Anschließend wieder auf das Backblech setzen, mit gehackten Pistazienkernen bestreuen und 1–2 Stunden im Kühlschrank fest werden lassen. In einem luftdichten Behälter können die Trüffeln bis zu 5 Tage im Kühlschrank aufbewahrt werden.

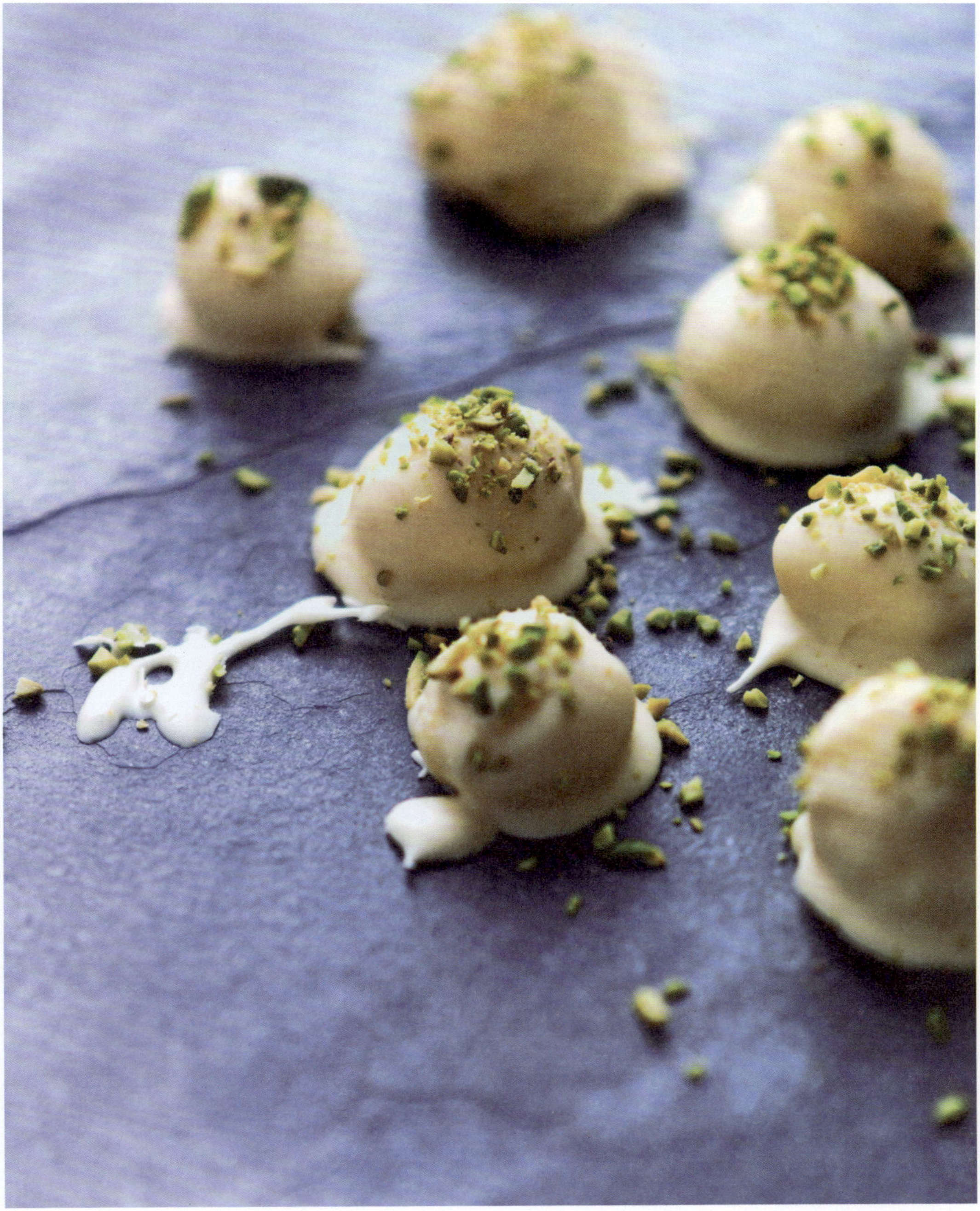

Espresso-Trüffeln

Ergibt 12 Stück
Zubereiten: 40 Minuten
Kochen: 5–10 Minuten
Ruhen: 13–18 Stunden

Wenn Sie diese Espresso-Trüffeln leicht abändern möchten, ersetzen Sie den Kaffeelikör durch Irish-Cream-Likör oder einen Orangenlikör wie Grand Marnier oder Cointreau.

300 g Bitterschokolade, grob gehackt

2 EL Schlagsahne

1 EL starker Espresso, abgekühlt

2 EL Kaffeelikör

55 g weiche Butter, gewürfelt

12 essbare Goldblätter, zum Dekorieren (nach Belieben)

1. 100 g Schokolade mit der Sahne in einer hitzebeständigen Schüssel über einem Topf mit siedendem Wasser erhitzen, bis die Schokolade geschmolzen ist (siehe Seite 9).

2. Den Topf vom Herd nehmen. Espresso, Kaffeelikör und Butter zufügen und 3–4 Minuten mit dem Schneebesen glatt rühren. In einen luftdichten Behälter füllen und 6–8 Stunden in den Kühlschrank stellen, bis die Mischung fest ist.

3. Ein Backblech mit Backpapier auslegen. Je 1 Teelöffel der Mischung zwischen den Handinnenflächen zu einer kleinen Trüffelkugel formen. Auf das vorbereitete Backblech legen und mit Frischhaltefolie abgedeckt 6–8 Stunden tiefkühlen.

4. Die restliche Schokolade in einer hitzebeständigen Schüssel über einem Topf mit siedendem Wasser erhitzen, bis sie geschmolzen ist. Jede Trüffel zwischen 2 Gabeln in die geschmolzene Schokolade tauchen und gleichmäßig ummanteln. Anschließend wieder auf das Backblech legen und 1–2 Stunden im Kühlschrank fest werden lassen. Jede Trüffel nach Belieben mit 1 essbaren Goldblatt dekorieren. In einem luftdichten Behälter können die Trüffeln bis zu 5 Tage im Kühlschrank aufbewahrt werden.

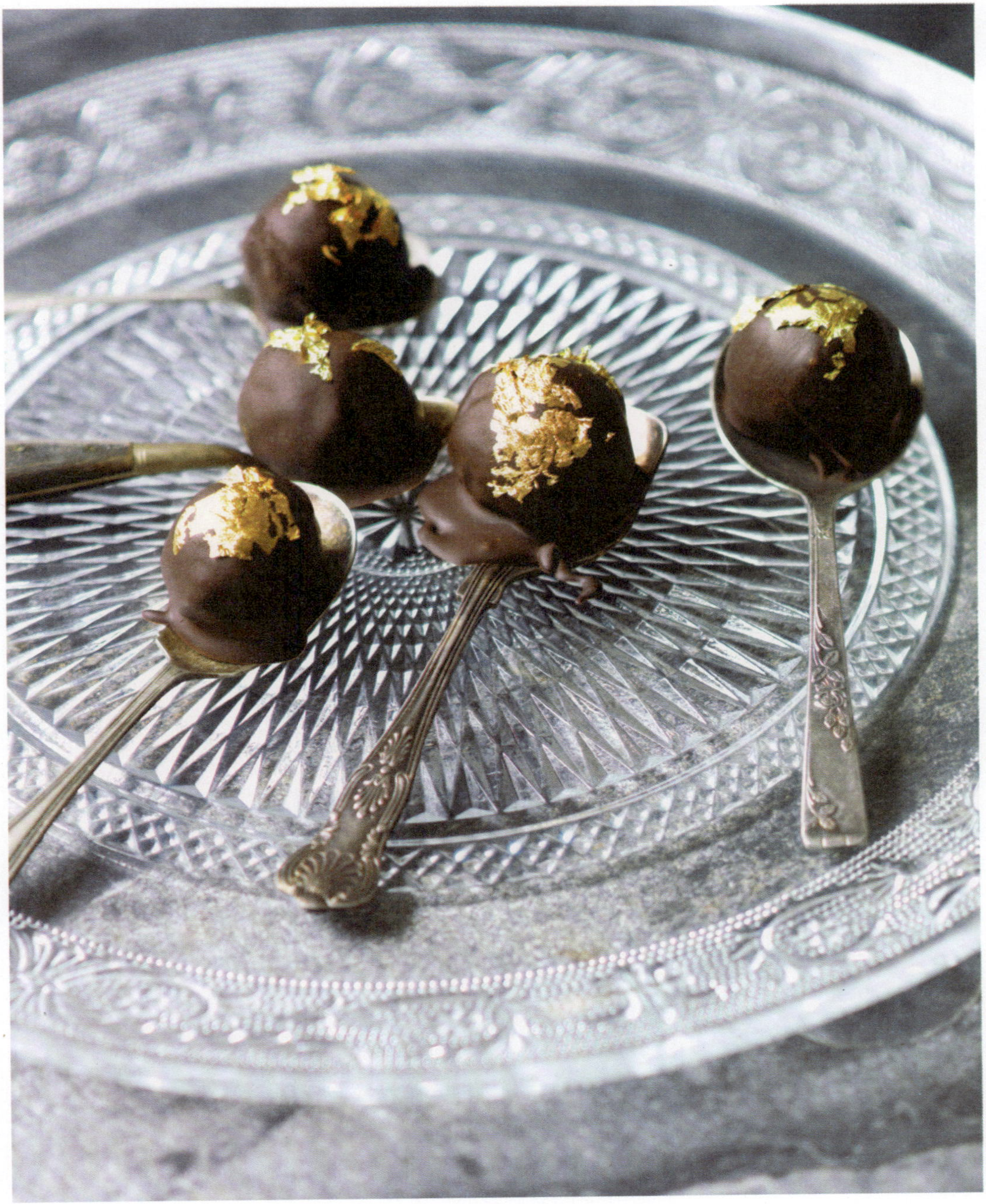

Schokotaler mit Chili und Kardamom

Ergibt 40 Stück
Zubereiten: 30 Minuten
Kochen: 5–10 Minuten
Ruhen: 1–2 Stunden

Dieses einfache Konfekt können Sie gut mit Kindern zubereiten. In einer hübschen Schachtel ergibt es ein nettes Geschenk.

DUNKLE SCHOKOTALER MIT CHILI

200 g Bitterschokolade, grob gehackt

1 große Prise Chilipulver

essbarer Glitzerdekor, zum Dekorieren

WEISSE SCHOKOTALER MIT KARDAMOM

200 g weiße Schokolade, grob gehackt

½ TL Kardamomsamen, zerstoßen

25 g Pistazienkerne, fein gehackt, plus etwas mehr zum Garnieren

essbarer Glitzerdekor, zum Dekorieren

1. 4 Backbleche mit Backpapier auslegen.

2. Die Bitterschokolade in einer hitzebeständigen Schüssel über einem Topf mit siedendem Wasser erhitzen, bis sie geschmolzen ist (siehe Seite 9). Vom Herd nehmen und das Chilipulver einrühren.

3. Mit dem Teelöffel Portionen der Schokoladenmischung auf 2 der vorbereiteten Backbleche geben. Etwas essbaren Glitzer darüberstreuen, bevor die Schokolade fest wird. Kühl (aber nicht im Kühlschrank) 1–2 Stunden aushärten lassen.

4. Die weiße Schokolade in einer hitzebeständigen Schüssel über einem Topf mit siedendem Wasser erhitzen, bis sie geschmolzen ist. Vom Herd nehmen und Kardamom und Pistazienkerne untermengen.

5. Mit dem Teelöffel Portionen der Schokoladenmischung auf die restlichen 2 vorbereiteten Backbleche geben. Restliche Pistazienkerne und etwas essbaren Glitzer darüberstreuen, bevor die Schokolade fest wird. Kühl (aber nicht im Kühlschrank) 1–2 Stunden aushärten lassen. Das Schokoladenkonfekt kann in einem luftdichten Behälter kühl und trocken bis zu 5 Tage aufbewahrt werden.

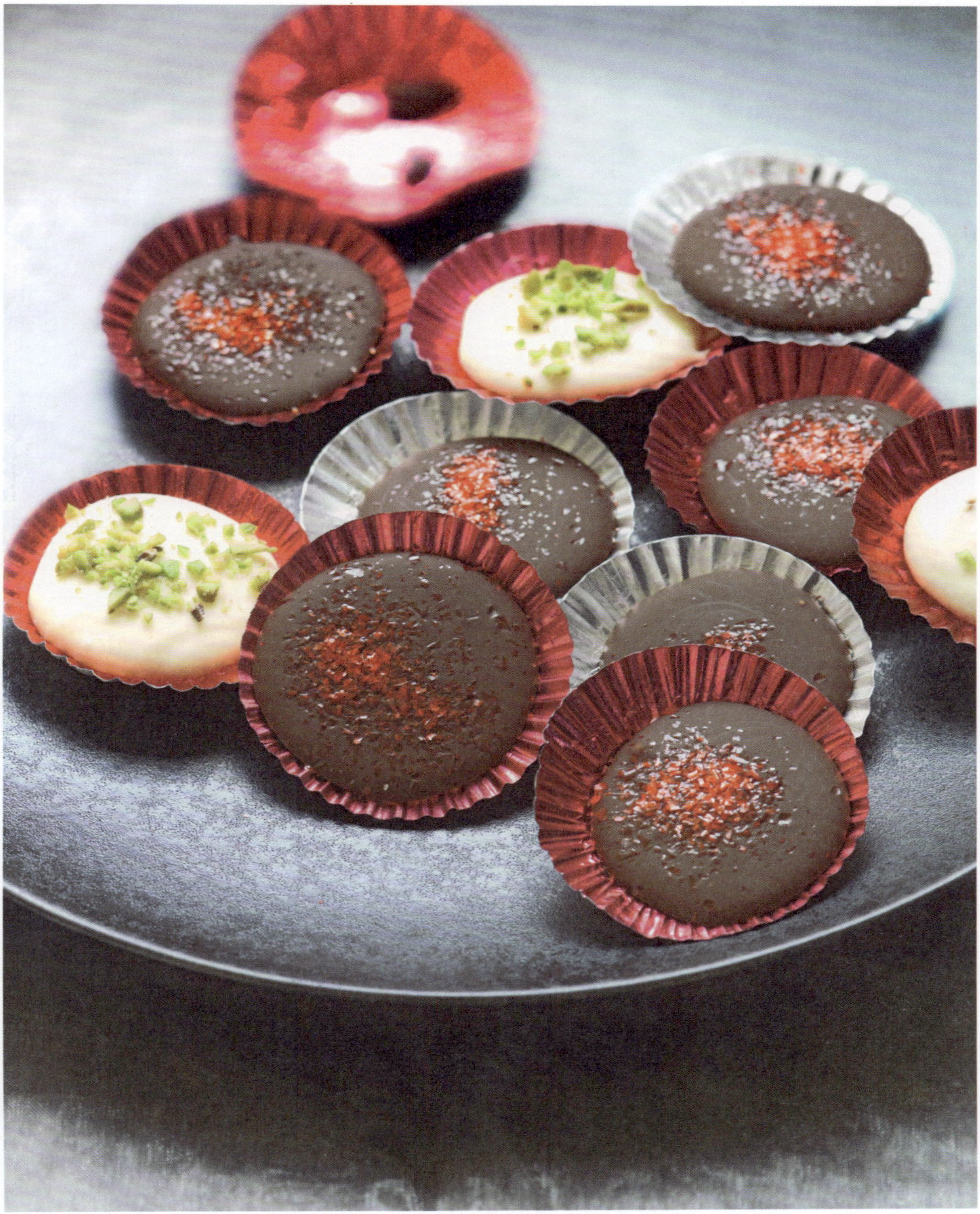

Mini-Macarons

Ergibt 20 Stück
Zubereiten: 1¼ Stunden
Backen: 30–35 Minuten
Ruhen: 1½–2½ Stunden

Die Zutaten für diese französischen Macarons müssen sorgfältig abgewogen werden. Sie gelingen nur, wenn die Proportionen stimmen.

125 g Puderzucker, gesiebt

125 g gemahlene Mandeln

2 große Eiweiß (etwa 90 g)

110 g Feinzucker

3 EL Wasser

einige Tropfen rosa Lebensmittelfarbe

BUTTERCREME

140 g weiche Butter

280 g Puderzucker, gesiebt

1–2 EL Milch

einige Tropfen Vanilleextrakt

1. Den Backofen auf 150 °C vorheizen. 3 große Backbleche mit Backpapier auslegen.

2. Puderzucker, Mandeln und 40 g Eiweiß in einer großen Rührschüssel mit einem Holzlöffel zu einer Paste rühren.

3. Zucker und Wasser in einen kleinen Topf mit dickem Boden geben. Sanft erhitzen, bis der Zucker aufgelöst ist. Den Topf schwenken, damit sich die Zutaten vermischen. Die Hitzezufuhr erhöhen und 12–15 Minuten kochen, bis die Temperatur der Mischung auf dem Zuckerthermometer 115 °C anzeigt und die Mischung angedickt ist.

4. In einer sauberen Rührschüssel das restliche Eiweiß steif schlagen, dann nach und nach den heißen Sirup unterschlagen. Mit dem Löffel unter die Mandelpaste heben und mit dem Schneebesen rühren, bis die Mischung steif und glänzend wird. Die rosa Lebensmittelfarbe zufügen und gut vermengen.

5. In einen großen Spritzbeutel mit einer 1 cm runden Tülle füllen und 40 runde Kreise von je etwa 2 cm Durchmesser auf die vorbereiteten Backbleche im Abstand von 2 cm spritzen. 30 Minuten ruhen lassen, bis sich eine Haut bildet. 12–15 Minuten im vorgeheizten Ofen mit leicht geöffneter Tür backen, bis die Macarons fest sind.

6. Für die Buttercreme die Butter in einer Schüssel glatt rühren. Die Hälfte des Puderzuckers einrühren. Die zweite Hälfte Puderzucker, 1 Esslöffel Milch und ein paar Tropfen Vanilleextrakt zufügen und glatt rühren. Je nach Bedarf etwas mehr Puderzucker oder Milch zufügen, damit die Creme dicker oder flüssiger wird. Die Creme in einen Spritzbeutel mit einer großen Sterntülle füllen.

7. Die Macarons mit dem Backpapier auf ein Kuchengitter heben. 1–2 Stunden abkühlen lassen, dann vom Backpapier abziehen. Etwas Creme auf die Hälfte der Macarons spritzen und mit einem zweiten Macaron belegen.

8. Ohne Cremefüllung lassen sich die Macarons in einem luftdichten Behälter kühl und trocken bis zu 5 Tage aufbewahren.

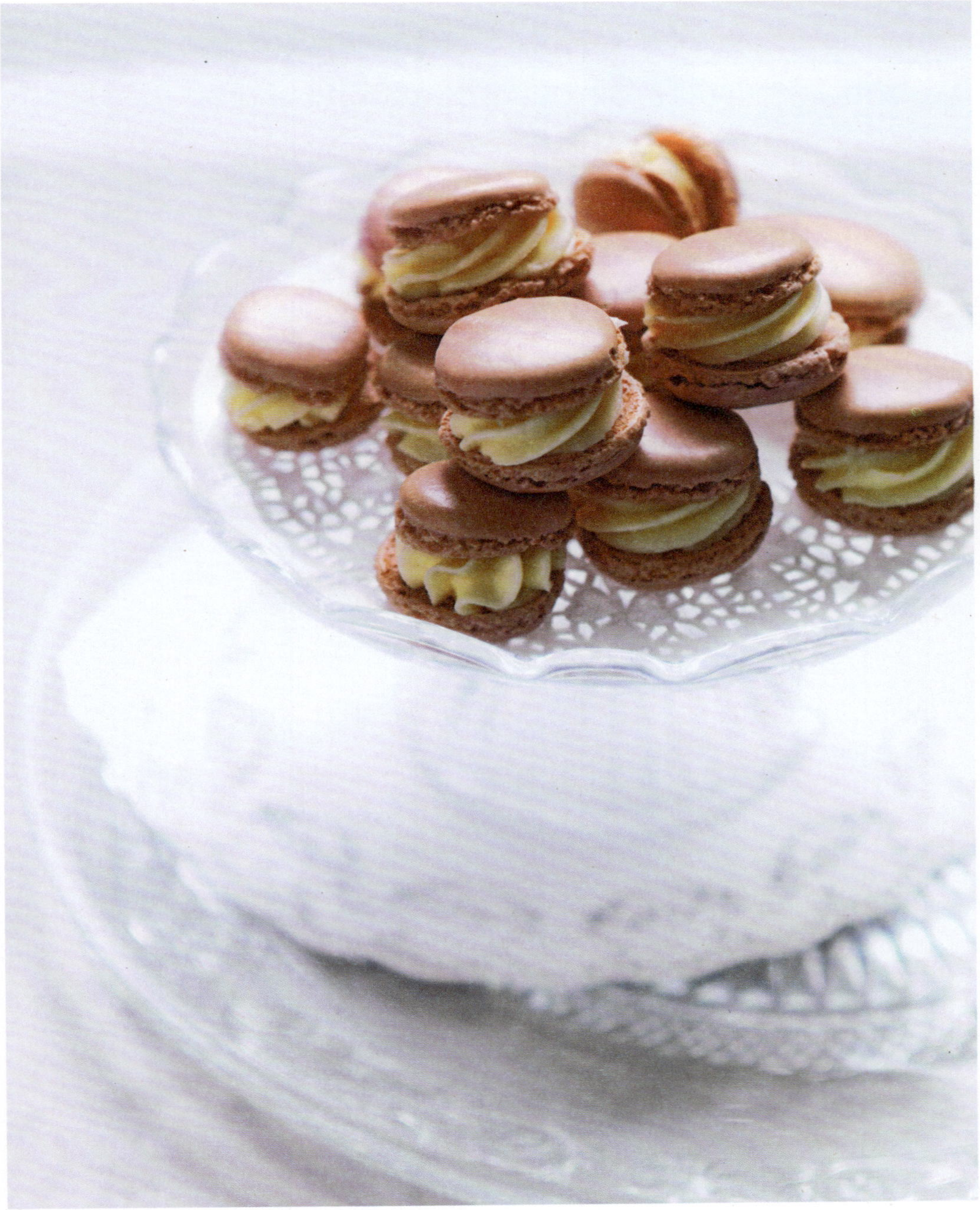

Gefüllte Mini-Ingwerplätzchen

Ergibt 20 Stück
Zubereiten: 1¼ Stunden
Backen: 30–35 Minuten
Ruhen: 1½–2½ Stunden

1 TL gemahlener Ingwer

125 g Puderzucker, gesiebt

125 g gemahlene Mandeln

2 große Eiweiß (etwa 90 g)

110 g Feinstzucker

3 EL Wasser

10 EL Dulce de Leche (Milchkonfitüre)

Dulce de Leche ist in Supermärkten mitunter unter dem Namen „Caramel" erhältlich. Man kann sie auch selbst herstellen, indem gesüßte Kondensmilch 4 Stunden im Wasserbad erhitzt wird. Alternativ können Sie Schoko-Nuss-Creme verwenden.

1. Den Backofen auf 150 °C vorheizen. 3 große Backbleche mit Backpapier auslegen.

2. Ingwer, Puderzucker, Mandeln und 40 g Eiweiß in einer großen Schüssel mit einem Holzlöffel zu einer Paste rühren.

3. Zucker und Wasser in einen kleinen Topf mit dickem Boden geben. 5 Minuten sanft erhitzen, bis der Zucker aufgelöst ist. Dabei den Topf schwenken. Die Hitzezufuhr erhöhen und 12–15 Minuten kochen, bis die Temperatur der Mischung auf dem Zuckerthermometer 115 °C anzeigt und die Mischung sirupartig andickt.

4. In einer sauberen Rührschüssel das restliche Eiweiß steif schlagen, dann nach und nach den heißen Sirup unterschlagen. Mit dem Löffel unter die Mandelpaste heben und mit dem Schneebesen rühren, bis die Mischung steif und glänzend wird.

5. In einen großen Spritzbeutel mit einer 1 cm runden Tülle füllen und 40 Streifen von je 2 cm Länge auf die vorbereiteten Backbleche im Abstand von 2 cm spritzen. 30 Minuten ruhen lassen, bis sich eine Haut bildet. 12–15 Minuten im vorgeheizten Ofen mit leicht geöffneter Tür backen, bis die Plätzchen fest sind.

6. Die Plätzchen mit dem Backpapier auf ein Kuchengitter heben. 1–2 Stunden abkühlen lassen, dann vom Backpapier abziehen. Je 1 Teelöffel Dulce de Leche auf die Hälfte der Plätzchen geben und mit einem zweiten Plätzchen belegen.

7. Ohne Füllung lassen sich die Plätzchen in einem luftdichten Behälter kühl und trocken bis zu 5 Tage aufbewahren.

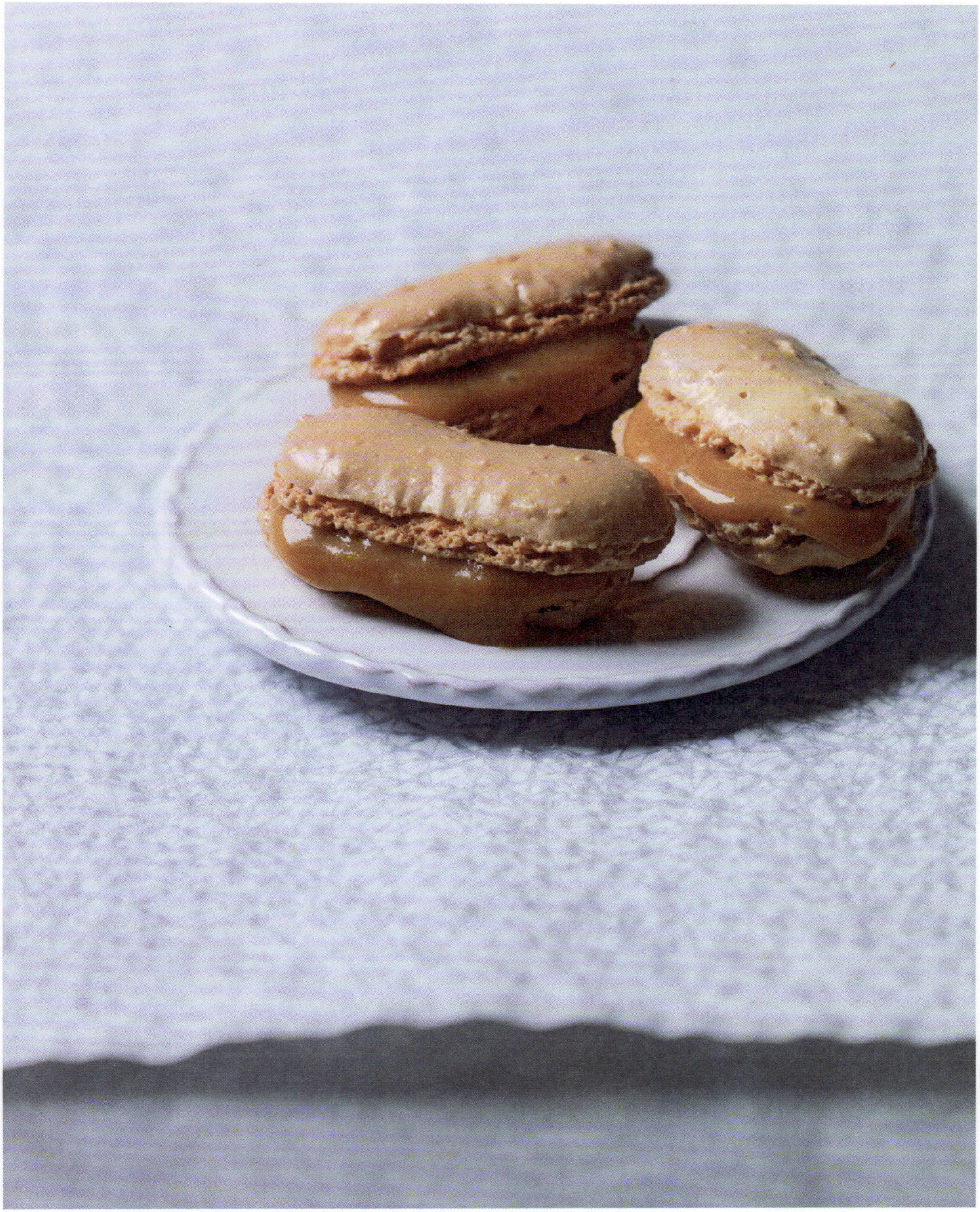

Zitronen-Marzipan-Konfekt mit Zuckerguss

Ergibt 30 Stück
Zubereiten: 25 Minuten
Ruhen: über Nacht

Diese kleinen Köstlichkeiten voller Zitrus- und Mandelaromen stammen ursprünglich aus Frankreich und sind leicht zuzubereiten.

200 g gemahlene Mandeln

200 g Feinstzucker

1 großes Ei

einige Tropfen Zitronenextrakt (oder Zitronenaroma)

fein abgeriebene Schale von 1 Orange

ZUCKERGUSS

200 g Puderzucker, gesiebt, plus etwas mehr zum Bestäuben

Saft von 1 Zitrone

1. Eine flache quadratische Backform von 20 cm Seitenlänge mit Backpapier auslegen. Das Papier an den Ecken diagonal einschneiden und fest in die Form drücken, damit Boden und Seiten bedeckt sind. Eine Arbeitsfläche mit Puderzucker bestäuben.

2. Gemahlene Mandeln und Zucker in einer Schüssel vermengen. Ei, Zitronenextrakt und abgeriebene Orangenschale zufügen und mit den Händen zu einer festen Paste verkneten.

3. Das Marzipan kurz auf der vorbereiteten Arbeitsfläche kneten, dann mit dem Löffelrücken auf den Boden der Backform drücken und gleichmäßig ausstreichen. 1 Stunde ruhen lassen.

4. Für den Zuckerguss Puderzucker und Zitronensaft in einer Schüssel glatt rühren und gleichmäßig über die Marzipanmischung streichen. Abdecken und kühl (aber nicht im Kühlschrank) über Nacht ruhen lassen.

5. Mit einem Ausstecher in mundgerechte Stücke von gewünschter Form schneiden. In einem luftdichten Behälter hält sich das Konfekt bis zu 2 Tage im Kühlschrank.

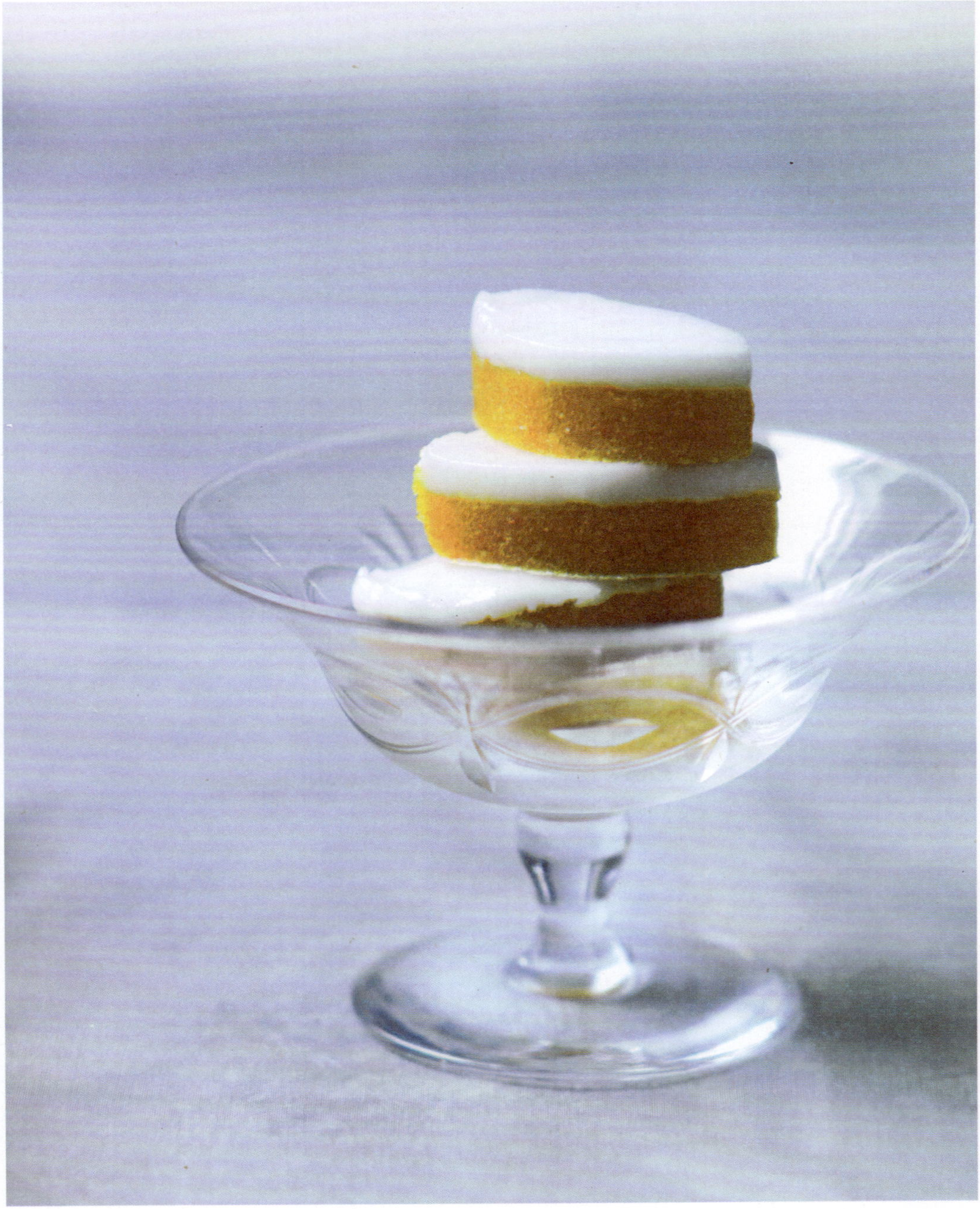

Register

Alkohol
    Beschwipster Schokoladen-Fudge 40
    Espresso-Trüffeln 70
    Schokoladen-Amaretto-Trüffeln 66
    Zitronen-Schokoladen-Trüffeln 68

Äpfel
    Geleekonfekt mit Apfel und Aprikose 14
    Mini-Paradiesäpfel 18

Aprikosen
    Geleekonfekt mit Apfel und Aprikose 14
    Nugatkonfekt mit Pistazie und Aprikose 20
    Pistazien-Krokant-Lollis 36

Baiser
    Gefüllte Mini-Ingwerplätzchen 76
    Mini-Macarons 74
    Schoko-Baiser-Küsse 54

Beschwipster Schokoladen-Fudge 40
Brezeln: Schokoladen-Brezel-Fudge 42
Buttercreme: Mini-Macarons 74

Cashewkrokant 34
Chili: Schokotaler mit Chili und Kardamom 72

Cranberrys
    Mini-Florentiner mit Cranberrys und Ingwer 52
    Sesam-Cranberry-Knusperkonfekt mit Marshmallows 32

Donuts: Mini-Donuts mit Schokolade 58

Dulce de Leche
    Gefüllte Mini-Ingwerplätzchen 76
    Karamell-Schoko-Konfekt mit Salz 48

Erdbeeren
    Erdbeeren mit Schokoladenspitzen 50
    Erdbeer-Marshmallows 12

Erdnussbutter: Schokoladen-Erdnussbutter-Kugeln mit Biss 22
Espresso-Trüffeln 70

Florentiner: Mini-Florentiner mit Cranberrys und Ingwer 52

Fudge
    Beschwipster Schokoladen-Fudge 40
    Schokoladen-Brezel-Fudge 42
    Vanille-Karamell-Fudge 38

Gefüllte Mini-Ingwerplätzchen 76
Geleekonfekt mit Apfel und Aprikose 14

Himbeeren
    Kokoskonfekt mit Himbeeren 16
    Schoko-Baiser-Küsse 54

Honig
    Mini-Florentiner mit Cranberrys und Ingwer 52
    Nugatkonfekt mit Pistazie und Aprikose 20
    Sesam-Cranberry-Knusperkonfekt mit Marshmallows 32

Ingwer
    Gefüllte Mini-Ingwerplätzchen 76
    Mini-Florentiner mit Cranberrys und Ingwer 52

Kaffee: Espresso-Trüffeln 70
Kandierte Orangenschale mit Schokoladenguss 46

Karamell
    Karamell-Schoko-Konfekt mit Salz 48
    Popcorn mit Karamell 28
    Vanille-Karamell-Fudge 38

Kardamom
    Pistazien-Krokant-Lollis 36
    Schokotaler mit Chili und Kardamom 72

Kokos
    Kokoskonfekt mit Himbeeren 16
    Mini-Florentiner mit Cranberrys und Ingwer 52

Krokant
    Cashewkrokant 34
    Pistazien-Krokant-Lollis 36

Macarons: Mini-Macarons 74

Mandeln
    Gefüllte Mini-Ingwerplätzchen 76
    Mini-Florentiner mit Cranberrys und Ingwer 52
    Mini-Macarons 74

Marshmallows
    Erdbeer-Marshmallows 12
    Sesam-Cranberry-Knusperkonfekt mit Marshmallows 32

Marzipan: Zitronen-Marzipan-Konfekt mit Zuckerguss 78

Meersalz
    Karamell-Schoko-Konfekt mit Salz 48
    Nusskonfekt mit Meersalz 24

Mini-Donuts mit Schokolade 58
Mini-Florentiner mit Cranberrys und Ingwer 52
Mini-Macarons 74

Nugatkonfekt mit Pistazie und Aprikose 20

Nüsse
    Beschwipster Schokoladen-Fudge 40
    Cashewkrokant 34
    Karamell-Schoko-Konfekt mit Salz 48
    Nusskonfekt mit Meersalz 24
    Pfefferminz-Nuss-Splitter 56
    Schokoladen-Amaretto-Trüffeln 66

Orangen
    Zitronen-Marzipan-Konfekt mit Zuckerguss 78
    Kandierte Orangenschale mit Schokoladenguss 46

Pfefferminz
    Pfefferminztaler 64
    Pfefferminz-Nuss-Splitter 56

Pistazien
    Nugatkonfekt mit Pistazie und Aprikose 20
    Pistazien-Krokant-Lollis 36
    Schokotaler mit Chili und Kardamom 72
    Zitronen-Schokoladen-Trüffeln 68

Popcorn mit Karamell 28
Puffreis: Schokoladen-Erdnussbutter-Kugeln mit Biss 22

Schoko-Baiser-Küsse 54
Schokoladen-Amaretto-Trüffeln 66
Schokoladen-Brezel-Fudge 42
Schokoladen-Erdnussbutter-Kugeln mit Biss 22
Schokoladen-Fudge, Beschwipster 40
Schoko-Schnäuzer 60
Schokotaler mit Chili und Kardamom 72
Sesam-Cranberry-Knusperkonfekt mit Marshmallows 32

Trüffeln
    Espresso-Trüffeln 70
    Schokoladen-Amaretto-Trüffeln 66
    Zitronen-Schokoladen-Trüffeln 68

Vanille-Karamell-Fudge 38

Wabenkrokant 30

Zitrone
    Mini-Paradiesäpfel 18
    Zitronen-Marzipan-Konfekt mit Zuckerguss 78
    Zitronen-Schokoladen-Trüffeln 68

Zitronen-Schokoladen-Trüffeln 68